Hörgeschädigte Kinder

Der Eltern-Ratgeber

OBERSTEBRINK

Sylvia Schneider

RAT & TAT

für Eltern und Kinder

Hörgeschädigte Kinder

Der Eltern-Ratgeber

In Zusammenarbeit mit

Siemens Audiologische Technik

Die Deutsche Bibliothek - CIP-Einheitsaufnahme

Schneider, Sylvia:
Hörgeschädigte Kinder : Rat & Tat für Eltern und Kinder / Sylvia Schneider.
In Zusammenarbeit mit Siemens Audiologische Technik.
- Ratingen : Oberstebrink
ISBN 3-934333-08-7

Ratgeber für Eltern. - 1. Aufl. - 2001

1. Auflage

Wissenschaftliche Beratung:	Dr. Kristin Rohrseitz
Wissenschaftlicher Beirat:	Andrea Bohnert Dr. Agnes Hildmann Prof. Christiane Kiese-Himmel Siegrid Meier Dr. Rüdiger Schönfeld Anne-Katrin Strototte Professor Patrick Zorowka
Fotos:	Siemens Audiologische Technik, Privat
Gesamtgestaltung, Layout und Illustration:	Michael Ryba www.ryba-art.de
Satz:	Kerstin Kohl
Herstellung:	MOHN Media – Mohndruck GmbH Printed in Germany
Verlag:	Oberstebrink Verlag GmbH Bahnstr. 44, 40878 Ratingen Tel. 0 21 02 / 771 770-0 Fax 0 21 02 / 771 770-21 e-mail: verlag@oberstebrink.de www.oberstebrink.de

„Hab nie Angst davor, dich einfach nur für eine Weile hinzusetzen und nachzudenken“

Lorraine Hansberry
(1930 - 1965)

Vorwort

Ich weiß, wie unglücklich, hilflos und wütend Eltern sein können, nachdem sie mit der Diagnose *„Ihr Kind ist schwerhörig!“* konfrontiert wurden. Das habe ich in den 25 Jahren meiner Arbeit mit hörgeschädigten und kommunikationsgestörten kleinen und großen Kindern und ihren Eltern immer wieder erfahren müssen.

Diese elterlichen Gefühle haben nichts mit Status und Bildung zu tun – sie richten sich nicht nach „arm oder reich“.
Zum einen sind sie ein in solchen Lebenssituationen völlig normales Empfinden. Zum anderen werden sie verstärkt oder abgemildert durch das Verhalten derjenigen, die den Eltern die Mitteilung über die Erkrankung ihres Kindes als Erste überbringen. Von ihrer Offenheit und Klarheit, ihrem Takt und Einfühlungsvermögen, ihrer verständnisvollen Begleitung hängt eine Menge ab.

Eltern lernen in keiner Schule, wie man ein Kind angemessen behütet, erzieht und ihm zu einem selbständigen, selbstbestimmten Leben, zu einer hoffnungsvollen Zukunft verhilft.
Um so schwerer ist es für die Eltern mit dieser ungewohnten Situation umzugehen, die die Befindlichkeit und Entwicklung der Familie entgegen allen Vorstellungen und Hoffnungen verändert. Da hilft kein Geld dieser Welt: Nichts ist wie früher.

Welche Rolle kann da ein Buch, ein Ratgeber für Eltern spielen?
Eltern müssen und wollen Verantwortung für die weitere Entwicklung ihres Kindes und ihrer Familie übernehmen. Sie müssen aber wissen, wie.

Vor allem müssen Sie verstehen

- Was ist anders bei meinem Kind?
- Wo liegt die Störung?
- Warum ist es zu dieser Störung gekommen?
- Haben wir etwas falsch gemacht?
- Wie wird sich das Kind entwickeln?
- Welche Hilfen gibt es?
- Warum sind Hörgeräte, die man sieht, so wichtig?
- Wird unser Kind in einen „normalen“ Kindergarten, eine „normale“ Schule gehen können?
- Wie wird sich die Situation auf unsere Familie auswirken?

Hierbei will Ihnen dieser Ratgeber helfen. Eltern brauchen kein Expertenwissen, doch sie sollten so informiert sein, dass die Kommunikation mit den unterschiedlichen Therapeuten so gut wie möglich klappt. Das nützt allen Beteiligten. Verständliche und warmherzige Informationen und Anleitungen sind dabei ein nicht zu unterschätzender Gewinn für Eltern und Betreuer. Möge dieser Ratgeber Sie als Eltern stärken und mündig machen. Ihrem Kind bieten die beiden Lach- und Mitmachbücher mit dem kleinen „Simon Luchsohr“, der in der gleichen Situation steckt wie Ihr Kind, die Möglichkeit, auf kindgerechte Weise etwas über das Leben mit einer Hörstörung zu erfahren. Das ist in dieser Kombination bislang einmalig.

Das Wunderbarste wäre es, wenn dieses Buchpaket Sie dabei unterstützen könnte zu erkennen, welches Glück und welcher Gewinn ein Kind mit Besonderheiten schenken kann. Denn damit wäre auch unsere Arbeit als Therapeuten, Berater und Begleiter von Erfolg gekrönt.

Dr. Agnes Hildmann

Ihr Leitfaden für dieses Buch

In diesem Buch finden Sie alle Informationen und Hilfestellungen, die Sie als Eltern eines hörgeschädigten Kindes brauchen – unabhängig davon,

- wie alt Ihr Kind ist,
- wie stark sein Hörverlust ist,
- um welche Art der Hörschädigung es sich handelt,
- ob Ihr Kind schon mit Hörgeräten versorgt ist
- oder ob Sie erst einen ersten Verdacht haben, dass bei Ihrem Kind mit dem Hören etwas nicht stimmt.

Wenn Sie sich grundsätzlich über Hörentwicklung und Hörstörungen informieren wollen, lesen Sie **Kapitel 1**.
Was ein Hörverlust für die Entwicklung eines Kindes bedeuten kann, finden Sie in **Kapitel 2**.
In **Kapitel 3 und 4** erfahren Sie alles über die Möglichkeiten, die es heute gibt, ein hörgeschädigtes Kind optimal zu versorgen.
Die Kapitel **5 und 6** zeigen Ihnen, wie Sie Ihrem hörgeschädigten Kind und sich selbst helfen können, mit dieser besonderen Situation gut zurecht zukommen.

„Und ich bin Simon Luchsohr und möchte Sie durch dieses Buch begleiten“

Inhalt

0 Die „Stunde Null“ und ihre Folgen

Die „Stunde Null“, in der man Sie mit der Diagnose *„Ihr Kind kann nicht hören!“* oder *„Ihr Kind kann nur eingeschränkt hören!“* konfrontiert, ist für Sie – wie für alle Eltern – zunächst wie ein Faustschlag ins Gesicht .
„Unser Kind ist behindert!“ wird Ihnen dabei wieder und wieder durch den Kopf fahren. *„Warum unser Kind? Warum wir?“*
Auf einen Schlag werden Ihnen alle kleinen Sünden der Schwangerschaft einfallen – jedes Unwohlsein, jedes Versäumnis, alles, was Sie meinen falsch gemacht zu haben.
Alle Wünsche und Träume, die Sie für die künftige Entwicklung Ihres Kindes gehabt haben, scheinen sich plötzlich vor dieser unbekannten Situation und ihren noch unwägbaren Folgen in Luft aufzulösen.

Eltern schwerhöriger Kinder werden von Ängsten heimgesucht – und sie müssen sich vielen unerwarteten Herausforderungen stellen. Die brennendsten Fragen sind:

- *„Wie gesund ist unser Kind?“*,
- *„Welche Probleme wird es haben?“*;
- *„Welche Verzögerungen werden sich einstellen?“*,
- *„Wird es sprechen lernen?“*
- *„Wird es sich geistig normal entwickeln?“*

Hörprobleme und Schwerhörigkeit kommen bei Kindern häufiger vor, als uns das gemeinhin bewusst ist. Auf tausend Neugeborene kommen 3 Babys mit Hörproblemen oder Schwerhörigkeit. Die Ursachen dafür sind vielfältig, und oft genug lassen sie sich gar nicht feststellen.

Deshalb sollten Sie Ihr Hauptaugenmerk in die Zukunft richten. Denn: Rechtzeitig erkannt, kann dank der modernen Technik und einer gezielten Betreuung heute sehr viel getan werden, um Kindern mit Hörproblemen einen guten Start ins Leben zu ermöglichen. Heute kann auch den Kindern optimal geholfen werden, die früher aufgrund ihrer sehr starken Hörverluste isoliert und ohne Hilfe blieben.

Das ist auch Ihr Startkapital. Denn – um es gleich vorweg zu nehmen: Hörprobleme sind keine geistige Behinderung. Jedes hörgeschädigte Kind kann sprechen und sich verständigen lernen, kann sich normal weiter entwickeln. Vorausgesetzt, es erhält umfassend und rechtzeitig Hilfe.

Hören ist für alle Menschen, die keine Probleme damit haben, ein Vorgang, der nicht bewusst zur Kenntnis genommen wird. Wir hören Musik, sprechen miteinander, essen dabei gleichzeitig, machen nebenher Handarbeit und Gesprächsnotizen. Beiläufig hören wir noch, was auf der Straße los ist, ob die Vögel zwitschern und Nachbars Hund bellt.
Aber wer schlecht hört, kann sich nur darauf konzentrieren, sich aus den Lauten, die ankommen, etwas zusammen zu reimen. Das ist Stress total. Jeder, der einmal versucht hat, einer ihm fremden Sprache zu folgen, weiß, wie hilflos und allein man sich da fühlt.

Der Weg eines schwerhörigen Kindes ins Leben ist in vielerlei Hinsicht mühsamer als der eines normal hörenden Kindes – sei es beim Sprechen lernen, im Kindergarten, in der Schule, im Umgang mit Freunden und Familie, bei der sozialen Rollenfindung oder bei der Selbstbehauptung.
Denn ein schwerhöriger Mensch ist einem ständigen Druck ausgesetzt, den Anforderungen normal Hörender genügen zu müssen.

Schwerhörige Kinder werden fast überall an den Normen für normal Hörende gemessen. Nach der erfolgreichen Hörgeräteversorgung besuchen sie häufig die normale Schule und müssen sich in dieser Welt, die nicht auf sie speziell zugeschnitten ist, zurechtfinden. All das gilt es zu bewältigen und bestmöglich zu steuern.
Hinzu kommt, dass Sie als Eltern nun einen großen Teil Ihrer Zeit werden aufwenden müssen, um sich der Hilfe für Ihr Kind zu widmen.

Viele Eltern fühlen sich mit der Diagnose allein gelassen.
Wie soll es weitergehen? Wer wird ihnen helfen können? Wie lässt sich entscheiden, was das Beste für ihr Kind ist? Wie können sie ihr Kind fördern, ohne es zu überfordern? Und wie können sie dem Kind trotz allem eine möglichst normale Kindheit verschaffen? Gerade in der Anfangsphase sind Informationen und zügiges Handeln besonders wichtig.

Mit all diesen Sorgen und Fragen wollen wir Sie als Eltern nicht allein lassen. In diesem Ratgeber haben wir alles zusammengetragen, was Sie über Hörschädigungen bei Kindern, die Versorgung und Frühförderung und den gemeinsamen Alltag wissen wollen und sollten.
Sie erfahren etwas über aktuelle technische Entwicklungen im Bereich der Hörgeräte, erhalten Checklisten für bestimmte Meilensteine, Entscheidungshilfen für wichtige Maßnahmen, Adressen und Anlaufstellen.

Auch Ihre persönliche Situation als Eltern vernachlässigen wir nicht: Wie gehen Eltern persönlich und als Paar mit der veränderten Situation um? Wie bewältigt man womöglich auftretende Schuldgefühle? Wie wird man mit dem Zeitdruck fertig und wie den Geschwistern gerecht? Wir versuchen, Ihnen auch hier zu helfen.

Wir wollen aber auch Spaß und Fröhlichkeit nicht vergessen. Bei allen notwendigen Fördermaßnahmen durch Therapeuten und Eltern dürfen wir nicht übersehen, dass das Kind immer noch ein Kind ist und auch so aufwachsen sollte – mit Spielen, Toben, Lachen, Spaß haben und einem Höchstmaß an Unbeschwertheit. Wenn Sie sich der erschwerten Situation erst einmal gestellt haben, werden Sie ihr sogar auch etliche positive neue Erfahrungen abgewinnen können.

Und im Mittelpunkt bleibt doch immer eines: Das Wunder, das ein Kind für seine Eltern bedeutet.
Viele Eltern stellen sehr früh mit Staunen fest, wieviel Eigenes ihr Baby mit auf die Welt bringt, mit welchem Willen und welchen Eigenschaften es ausgestattet ist, wie es sich instinktiv entwikkelt. Es ist nicht nur Mama oder Papa im Miniaturformat, sondern etwas ganz, ganz Eigenes. Zu seinen Besonderheiten gehören auch seine Hörprobleme.

Wir wünschen Ihnen und Ihrem Kind, dass Sie Ihre besondere Situation gemeinsam gut meistern und trotz aller Schwierigkeiten eine glückliche Familie sind.

Sylvia Schneider
Medizin-Autorin

Dr. Kristin Rohrseitz
Kinderversorgung
Siemens Audiologische Technik

1 Alles Wissenswerte über die Krankheit Ihres Kindes

In diesem Kapitel erfahren Sie, ...

- wie Sie eventuelle Hörprobleme Ihres Kindes frühzeitig entdecken können
- wie sich das Gehör im Baby- und Kleinkindalter entwickelt
- wer Ihnen sagen kann, ob wirklich eine Hörstörung vorliegt
- wie das Gehör funktioniert
- welche Ursachen Hörprobleme haben können

Was ist ein Hörverlust?

Unter einem Hörverlust versteht man ein vermindertes, eingeschränktes oder nicht vorhandenes Hörvermögen. „Die“ Hörstörung an sich gibt es nicht.
Die Beeinträchtigungen, Probleme und Störungen können bei unterschiedlichen Prozessen und in unterschiedlichen Bereichen des Gehörs auftreten. Ebenso können sie bereits im Mutterleib entstehen oder sich in jedem Alter nach der Geburt ausbilden. Nach der Art der Hörstörung und dem Alter des Kindes richten sich auch Behandlung und Hilfsmöglichkeiten.

Die Lautheitswahrnehmung bei Kindern wird im Hörzentrum Oldenburg mit der Lautheitsskalierung bestimmt, wobei die unterschiedlichen Lautheitseindrücke durch unterschiedlich große Stoff-Bären repräsentiert werden.
(Foto mit freundlicher Genehmigung vom Hörzentrum Oldenburg)

Woran bemerken Eltern Hörprobleme?

Um erkennen zu können, ob das Gehör eines Kindes richtig angelegt ist und sich das Hörvermögen altersgemäß entwickelt, bedarf es einer größeren Aufmerksamkeit, denn Hörstörungen machen nicht mit einem Paukenschlag auf sich aufmerksam. Gerade am Anfang fallen sie kaum auf.

> *„Hörstörungen werden noch immer zu spät erkannt, vor allem gering- und mittelgradige. Sie führen aber ebenfalls zu massiven Problemen, wenn sie nicht ausgeglichen werden. Leider sind die Kinderärzte zu wenig sensibel im Umgang mit Schwerhörigkeit, weil sie zu wenig Erfahrung damit haben. Sie müssten dafür besser ausgebildet sein."*
>
> A.-K. Strototte

Um das zu verstehen, wollen wir zunächst einmal bis zu Babys Anfängen zurückblicken. Denn das Baby lebt in Mamas Bauch keineswegs in einer lautlosen Welt. Das Ohr wird in der frühen Schwangerschaft angelegt. Und so ist auch das Gehör schon recht bald entwickelt. Die Zwiesprache zwischen Mutter und Kind kann auf diese Weise schon lange vor der Geburt beginnen. Das Baby nimmt nicht nur Mamas Bewegungen wahr – etwa wenn sie es durch ihre Bauchdecke hindurch streichelt – sondern auch die Geräusche ihres Körpers, den Herzschlag, das Pulsieren des Blutes und manchmal auch das „Grummeln" in den Därmen.

Ist Babys Hörvermögen entwickelt, hört es Mamas Stimme, wohl auch die vom Papa, den Geschwistern und Geräusche aus der unmittelbaren Umgebung. So nimmt das werdende Baby schon zu Beginn des spannenden Abenteuers „Leben" regen Anteil an dem Tun und Treiben in seiner kleinen geschützten Welt.

Die Entwicklung von Ohr und Gehör in der Schwangerschaft

Als allererstes beginnt sich das Innenohr zu entwickeln. Bereits in der dritten Woche nach der Befruchtung sind die ersten Ansätze erkennbar. Im fünften Schwangerschaftsmonat ist es bereits ausgereift. Das Mittelohr hingegen muss sich auch nach der Geburt noch weiter entwickeln. Denn es sind noch Gewebsüberreste vorhanden, die die Schallübertragung etwas behindern und sich erst im ersten Lebensjahr allmählich zurückbilden. Die Ohrmuschel beginnt von der siebenten Woche nach der Befruchtung an sich zu entwickeln.

Obwohl das Ohr noch nicht vollständig ausgereift ist, hört das Baby vom siebenten Schwangerschaftsmonat an mit. Das hat man unter anderem mit Hilfe von Ultraschalltests herausgefunden: Werden durch die Bauchdecke der Mutter hindurch Töne und Geräusche zum Baby geschickt, lassen sich etwa von der 28. Schwangerschaftswoche an auf dem Ultraschallbild seine Reaktionen ablesen. Auch bei Frühgeborenen lässt sich das Hörvermögen schon feststellen.

Logischerweise hört das Ungeborene vor allem die Lebensgeräusche seiner Mutter, ihre Stimme und auch die der übrigen Familienmitglieder. Tiefe Stimmen nimmt es dabei besser wahr. Man nimmt an, dass Kinder auch etwas speichern können von dem, was sie in der „Klangwelt Mutterleib“ hören. Ist das Baby geboren, reagiert es auf die Stimmen seiner Eltern, auf Musik, auf Lärm und Geräusche. Viele Mütter machen die Erfahrung, dass ihr Baby sich bevorzugt mit der Musik beruhigen lässt, die sie selbst während ihrer Schwangerschaft gehört haben - vorausgesetzt, es handelt sich nicht um laute und hektische Popmusik. Man sagt, Babys lieben es eher klassisch oder traditionell.

Babys Entwicklung im ersten Lebensjahr

Nach dem fulminanten Start ins Leben hat das Baby dann wieder alle „Hände voll“ zu tun: In keinem Lebensabschnitt durchläuft ein Kind so viele entscheidende und auch rasante Entwicklungsschritte wie im ersten Jahr nach seiner Geburt. Körperliche, geistige und emotionale Entwicklung gehen dabei Hand in Hand. Diese Erkenntnis ist besonders für das Verstehen der Auswirkungen von Hörstörungen sehr, sehr wichtig.

Die Entwicklung eines Kindes verläuft zum einen nach einem generellen Schema, das bei allen Menschen seit Generationen gleich ist. Zum anderen hat jeder Mensch seinen ganz individuellen Entwicklungsplan, der nicht mit dem eines anderen übereinstimmt und einem Menschen gewissermaßen „ganz allein gehört“. Gerade bei Kindern geht die Entwicklung nicht in einer kontinuierlichen Bahn voran, sondern in verschiedenen Schritten, die den Eltern manchmal geradezu wie ein „Hupf“ von einer Treppenstufe zur nächsten vorkommen. Diese Schritte sind zwar von der Natur vorgegeben, laufen jedoch bei jedem Kind nach einem persönlichen Muster ab.

Jedes Kind hat dabei sein eigenes Entwicklungstempo. Intuitiv „weiß“ es selbst, wann es bereit ist für den nächsten Entwicklungsschritt.
Sie selbst werden diese „Schübe“ bei Ihrem Kind wahrscheinlich auch bemerken.

Nimmt man dieses Grundmuster, das jeder Mensch bei seiner Entwicklung naturgemäß durchlaufen muss, dann versteht man, dass es sich weder steuern noch beschleunigen lässt.
Wir müssen begreifen, dass die Natur uns Menschen Dinge in die Wiege legt, deren Abläufe wir respektieren müssen – so wie sie sind und wie sie kommen. Wir müssen auf die Richtigkeit dieser Prozesse vertrauen – und damit letztlich auf die „Weisheit“ unseres Körpers.

>> Mit vier Jahren bekam unsere Claudia ihre ersten Hörgeräte (HdO). Ich weiß noch genau, wie geschockt sie war – von dem „Klangsalat“, der da im Straßenverkehr plötzlich auf sie einstürmte.
Einige Tage später gingen wir im Stadtpark spazieren.
Die Vögel zwitscherten. Und Claudia fragte: „Mami, hörst Du das auch?“ Das war ein sehr schöner Moment für uns beide <<

Das macht deutlich, dass wir keine festzementierten Erwartungen an ein Kind stellen dürfen, sondern seine Entwicklung Schritt für Schritt freudig begrüßen sollten. Für das Selbstvertrauen Ihres Kindes ist es wichtig, dass Sie sein Tempo und seine Eigenheiten liebevoll annehmen und nicht werten. Das gilt besonders dann, wenn etwas anders verläuft als erwartet.

Setzen Sie Ihr Kind auf gar keinen Fall unter unnötigen Leistungsdruck. Wenn Sie Dinge von ihm erwarten, die es gar nicht oder noch gar nicht kann, dann überfordern Sie es nur.
Schauen Sie deshalb nicht auf andere Kinder und andere Eltern. Machen Sie sich frei von der Erwartung, dass sich Ihr Kind nach „Schema F" entwickeln muss.

Ihr Kind ist ein einzigartiges Individuum. Respektieren Sie seine natürliche Entwicklung. Dadurch stärken Sie sein Selbstvertrauen.

Wenn Sie sich spontan über Babys neue Errungenschaften freuen, wird sich Ihre Begeisterung übertragen.
Ihr Kind wird sich auf natürliche Weise angespornt und angenommen fühlen. Halten Sie sich stets vor Augen, dass ein kleines Menschlein seine eigenen Entwicklungsschritte – und mögen sie noch so klein sein – mit Begeisterung aufnimmt.
Es bewertet sie ja nicht wie die Erwachsenen *(„Das ist gut, das ist richtig, das ist falsch, das ist zu schnell, das ist zu langsam, das ist normal, das ist behindert")*.
So wie es ist, ist es erst einmal gut für Ihr Kind. Denn das ist ja das Leben, das es jetzt allmählich erst kennenlernt.

> *„Sehen Sie Ihr Kind immer in seiner Gesamtheit, reduzieren Sie es nicht auf seine Hörschädigung."*
> A. Bohnert

Entwicklung – ob normal oder verzögert – ist kein Wettbewerb. Wenn Sie das beherzigen, haben Sie die wichtigste Grundvoraussetzung dafür, dass Sie Ihr Kind in seiner Entwicklung begleiten, seine kleinen oder großen Probleme annehmen und es nach seinen und Ihren Möglichkeiten fördern können.

Babys Hörentwicklung

Auch die Hörentwicklung Ihres Kindes folgt den beschriebenen Gesetzmäßigkeiten. Natürlich können Sie sie nicht direkt „sehen", weil sie sich im Inneren abspielt. Aber aus den Reaktionen Ihres Kindes können Sie auf den Stand seiner Hörentwicklung schließen. Und die ist enorm wichtig für seine Sprachentwicklung.
Denn Hören können und Sprechen lernen sind untrennbar miteinander verbunden. Eine gute Hörfähigkeit ist die Voraussetzung für eine gute Sprachentwicklung Ihres Kindes. Deshalb müssen Sie Augen und Ohren offenhalten.
Lassen Sie sich aber – wie gesagt – nicht verunsichern: Ihr Kind kann sich langsamer oder schneller entwickeln als andere. So kann es auch sein, dass es in seiner Hör- und Sprachentwicklung länger braucht als andere.

Dennoch ist natürlich auch die Zeit ein Faktor, den Sie nicht aus den Augen lassen dürfen. Denn Sie wollen ja nichts versäumen, was Ihrem Kind in seiner Entwicklung hilft und es fördert. Deshalb achten Sie darauf: Wenn Ihr Kind nicht ausreichend gut hört, wird es höchstwahrscheinlich nicht auf Ihre Ansprache reagieren oder aber nur irritiert gucken. Ein solches Verhalten könnte auf eine Hörstörung hindeuten. Dann sollten Sie auf jeden Fall eine Überprüfung einleiten.

Bevor das Problem der Hörstörung erkannt wurde, stufte man Kinder mit solchem Verhalten als geistig zurückgeblieben ein. Es liegt auf der Hand, dass sich das natürlich ganz besonders fatal auswirkte. Denn das Kind hatte ja nicht die Möglichkeit, seine

Fähigkeiten und Eigenarten auszubilden und seine Entwicklung entsprechend weiter zu vollziehen. Es blieb „doof“, wie man es früher auch nannte. Glücklicherweise sind wir heute in der Lage, Kindern mit Hörproblemen rechtzeitig und ziemlich umfassend zu helfen.

Damit das Baby hören lernen kann, braucht sein Ohr „Futter“, also Geräusche. Denn nur, wenn es etwas zu hören gibt, kann sich das Hörvermögen entwickeln.

Im ersten Lebensmonat unterbricht das Baby seine Bewegung, wenn es etwas hört, im zweiten dann beginnt es, sich zur Geräuschquelle zu wenden. Im dritten Monat kann es schon unterschiedliche Geräusche unterscheiden: das Rascheln von Papier, das Klingeln eines Glöckchens, Mamas Stimme und angenehme, ruhige Musik. Bei einem plötzlich auftretenden unangenehmen Geräusch wird es unvermittelt zusammenzucken.
Zunächst reagieren Neugeborene jedoch mehr auf lautere Töne. Erst allmählich sinkt ihre Hörschwelle, sodass sie auch leisere Töne hören können. Mit sechs Monaten etwa können Kinder unterschiedliche Tonhöhen unterscheiden und wissen, ob ein Geräusch aus der rechten oder der linken Richtung kommt.

Weil Geräusche im Ohr in Nervensignale umgesetzt und im Gehirn gedeutet werden müssen, ist die Hörentwicklung eng an die Entwicklung des Gehirns gekoppelt. Aber auch die anderen Sinne – Riechen, Sehen und Fühlen – gehören dazu wie die Ausreifung des Gehirns, in dem alle Sinneseindrücke zusammenkommen und verarbeitet werden. Das Gehirn nimmt die Eindrücke auf, leitet sie weiter, speichert sie, setzt sie in Beziehung zu Erinnerungen, vergleicht sie, koordiniert sie und veranlasst Reaktionen. Es entscheidet auch darüber, welche Eindrücke unbewusst bleiben und welche uns bewusst werden – und ordnet ihnen damit eine Bedeutung für uns persönlich zu.

Damit das klappt, muss auch das zentrale Nervensystem ausgereift sein. Die Verarbeitung der verschiedenen Sinneseindrücke erfolgt in einzelnen Schritten, die nötig sind, um das Ganze zu vollbringen – in unserem Fall beispielsweise Wahrnehmung, Weiterleitung des Wahrgenommenen, Umsetzung, Denken und Sprechen.

Funktioniert einer der Bausteine nicht, spricht man heute von Teil-Leistungsschwäche. So kann das eine Kind vielleicht nicht zwischen wichtigen und unwichtigen Geräuschen unterscheiden und fühlt sich durch die Vielzahl der auf es einstürmenden Reize ständig überfordert. Ein anderes kann seine Eindrücke zeitlich nicht zuordnen. Ein wieder anderes kann womöglich Gesehenes und Gehörtes nicht miteinander in Einklang bringen. Besonders häufig hören wir den Begriff Teil-Leistungsstörung im Übrigen im Zusammenhang mit Lese- und Rechtschreibschwäche.

Schon aus dieser kurzen Übersicht wird deutlich, an wie vielen Punkten und Stationen Probleme mit dem Hören und dem Verarbeiten des Gehörten auftreten können.

Baby ist ganz Ohr:
Woran Sie die Entwicklung des Gehörs erkennen können

- Schon in den ersten Monaten nach der Geburt reagiert das Baby normalerweise auf Geräusche.
Es ist interessiert an Tönen und Klängen – vor allem aber an Mamas Stimme.

- Mit drei Monaten versucht es, die Quelle der Geräusche mit den Augen zu suchen.
Es hat zunehmend Spaß an Geräuschen, die eigens für das Kind „produziert“ werden: Klappern, Rascheln, Knistern nimmt es mit Interesse zur Kenntnis.

- Vom vierten Monat an dreht es seinen Kopf in die Richtung, aus der das Geräusch kommt.

- Vom fünften Monat an kann es die Stimmen seiner Eltern unterscheiden. Man spürt, dass es sich freut, wenn es von Mutter oder Vater direkt angesprochen wird.

- Nun beginnt das Kind allmählich Geräusche nachzuahmen und zu plappern. Es kann auch schon laut lachen. Und es interessiert sich für unbekannte Geräusche.

- Mit etwa neun Monaten reagiert es auf Zurufe und Geräusche, die es kennt.
Es versucht verschiedene Laute auszuprobieren.
Wird es beim Spielen gefragt, wo der Ball (oder andere Dinge) sind, wird es den Kopf in Richtung Ball wenden oder den Ball mit den Augen suchen.

- Mit einem Jahr lauscht das Kind deutlich dem Sprechen seiner Eltern. Es ahmt zunächst Silben und dann kleine Wörter nach. Es reagiert nun auch auf eine leisere Ansprache, ohne dass es den Mund des Sprechenden sehen kann. Es erkennt auch schon seinen Namen.

Alle Kinder beginnen früh zu brabbeln – egal, ob sie gut, schlechter, wenig oder gar nichts hören. Brabbeln ist also kein Merkmal dafür, dass ein Baby gut hört.
Wichtig sind die Reaktion und die Antworten des Kindes auf Geräusche und Stimmen. Wenn das Kind mit einem halben Jahr aufhört zu brabbeln, nicht versucht, Geräusche nachzuahmen und sich nicht mit seinen Eltern „unterhält", kann das ein Hinweis auf eine Hörminderung sein.

Liegt eine Hörstörung vor?

Normalerweise wird Babys Hörfähigkeit bei den Kinder-Vorsorgeuntersuchungen getestet – allerdings bis heute nicht in befriedigendem Ausmaß, wie Hör-Experten meinen.
Denn der Kinderarzt überprüft nicht wirklich das Gehör, sondern nur Babys Reaktion auf bestimmte Geräusche – etwa, indem er eine Rassel betätigt. Wenn das Kind reagiert, kann es das Rassel-Geräusch tatsächlich hören oder es hat den Luftzug bemerkt. Darüber hinaus verschafft er sich Klarheit durch Fragen zu Babys Hörvermögen und seiner Sprachentwicklung.

Die professionellen Tests sind so kompliziert, dass nicht alle Ärzte speziell dafür ausgebildet sind. Deshalb sind die eigenen Beobachtungen der Eltern von ganz entscheidender Bedeutung.
Wenn Sie das Gefühl haben, dass Ihr Kind nicht richtig hören oder Geräusche nicht richtig verarbeiten kann, sollten Sie nicht zögern, Ihren Kinderarzt darauf anzusprechen.

Eine sehr leichte bis mittelschwere Hörschwäche oder ein Hörverlust auf einem Ohr wird immer noch allzu häufig übersehen. Aber sie kann bereits eine starke Beeinträchtigung mit sich bringen.
Damit ein Kind Wörter verstehen kann, muss es in der Lage sein, die Sprachlaute ganz genau zu hören. Nur dann kann es sie richtig unterscheiden und sprechen.
Eine leichte Hörstörung macht sich meist darin bemerkbar, dass Missverständnisse auftauchen, dass das Kind die Richtung, aus der Geräusche kommen, nicht zu orten weiß oder Schwierigkeiten mit dem Nachsprechen hat.

Aber auch bei Kindern mit einer schwereren Hörbeeinträchtigung dauert es oft bis zu einem Jahr, bis ihre Ohrprobleme richtig erkannt werden. Dabei verstreicht natürlich wertvolle Zeit für das Kind. Um eine Hörstörung und ihren Schweregrad feststellen zu können, werden spezielle Apparate gebraucht, Arzt und Ärztin müssen dafür entsprechend ausgebildet sein. Deshalb ist außer dem Kinderarzt ein Facharzt gefragt – der Arzt für Phoniatrie und Pädaudiologie. Das ist ein Arzt, der zur Diagnose und Behandlung von Stimm-, Sprach-, Sprech- und Schluckstörungen sowie kindlichen Hörstörungen ausgebildet ist.
Es gibt auch Hals-Nasen-Ohren-Ärzte, die sich auf dieses Fachgebiet spezialisiert haben. Das sollten Sie vorher in Erfahrung bringen.

Wenn bei Ihnen der Verdacht auftaucht, dass die Hörfähigkeit Ihres Babys beeinträchtigt sein könnte und Sie sich an Ihren Kinderarzt gewandt haben, wird der eine umfassende Diagnostik in die Wege leiten.
Die Hörfähigkeit lässt sich zunächst durch einfache Tests überprüfen. Der Arzt kann auch feststellen, ob möglicherweise eine andere Ursache der Grund für Babys passives Verhalten sein könnte. Danach kann er Sie an einen Facharzt verweisen, der eine Diagnose stellt und eine entsprechende Therapie einleitet. Sowohl große als auch kleine Hörprobleme sind heute gut behandelbar.
Sofern die Therapie rechtzeitig einsetzt, haben Kinder mit Hörminderungen die besten Chancen, sich gesund und munter zu entwickeln. Je mehr liebevolle Aufmerksamkeit das Kind dabei von seinen Eltern erhält, desto günstiger verläuft seine Entwicklung – vor allem auch, was seine Sprach- und Sozialentwicklung angeht.

„Durch unsere Hände sprechen wir mit dem
Kind, mit ihnen kommunizieren wir.
Berührung ist die erste Sprache ...
Die Haut des Neugeborenen hat eine Intelligenz,
die wir uns nicht vorstellen können.“

Frederick Leboyer

Es sei noch einmal ganz deutlich gesagt: Kinder, die schlecht hören, sind nicht weniger intelligent als andere Kinder. Doch weil sie ihre Fähigkeiten, sich zu verständigen und zu sprechen, unter Umständen noch nicht richtig ausbilden konnten, können sie in ihrer Entwicklung möglicherweise stark eingeschränkt sein.

So funktioniert das Gehör

Damit wir verstehen, warum es unterschiedliche Arten und Ausmaße von Hörproblemen und dementsprechend auch verschiedene Hilfs- und Therapiemöglichkeiten gibt, wollen wir uns das Ohr einmal ganz genau anschauen.
Von außen betrachtet sieht es recht einfach, aber auch geheimnisvoll aus. Denn man sieht ja den Eingang in den Kopf und fragt sich neugierig, welche Welten sich dort auftun. Was sich dort in der „Unterwelt" abspielt, ist eine Wunderleistung.

Das, was wir sehen, ist die Ohrmuschel. Sie fängt wie ein Trichter den Schall für uns ein und hilft uns festzustellen, aus welcher Richtung das Geräusch kommt.
Damit wir die Richtung noch sicherer ausloten können, haben wir auf jeder Seite der Kopfes ein Ohr.
Während viele Tiere (Hund und Katze etwa) die Ohrmuscheln bewegen können, um die Geräuschquelle noch besser zu orten, ist sie beim Menschen unbeweglich (auch wenn es ja Menschen gibt, die – meist zum großen Gaudi von Kindern – etwas mit den Ohren „wackeln" können).

Die Ohrmuschel besteht aus Knorpel und Haut. Der äußere Rand der Ohrmuschel wird Helix genannt, der innere Wulst Anthelix. Vor dem Eingang ins Ohr findet sich ein kleiner Höcker – der Tragus. Er verdeckt und schützt den Eingang in den Gehörgang etwas – vergleichbar einem kleinen Windschutz vor der Haustür.

Die Form der Ohrmuschel wird vererbt. So gibt es große und kleine, breite und schmale, dickere und zierliche, anliegende und abstehende Ohrmuscheln. Die Form hat keinen Einfluss auf die Funktion der Ohrmuscheln. Dass eine Ohrmuschel gänzlich fehlt, ist äußerst selten, kommt aber bei bestimmten Erbkrankheiten vor. Häufig findet man dagegen, dass sie nicht richtig ausgeprägt ist – etwa, dass der Wulst fehlt oder die Ohrform nicht der üblichen entspricht. Ebenso wie abstehende Ohren ist das eher ein kosmetisches Problem. Abstehende Ohren werden in aller Regel frühestens in der Kindergartenzeit operiert.

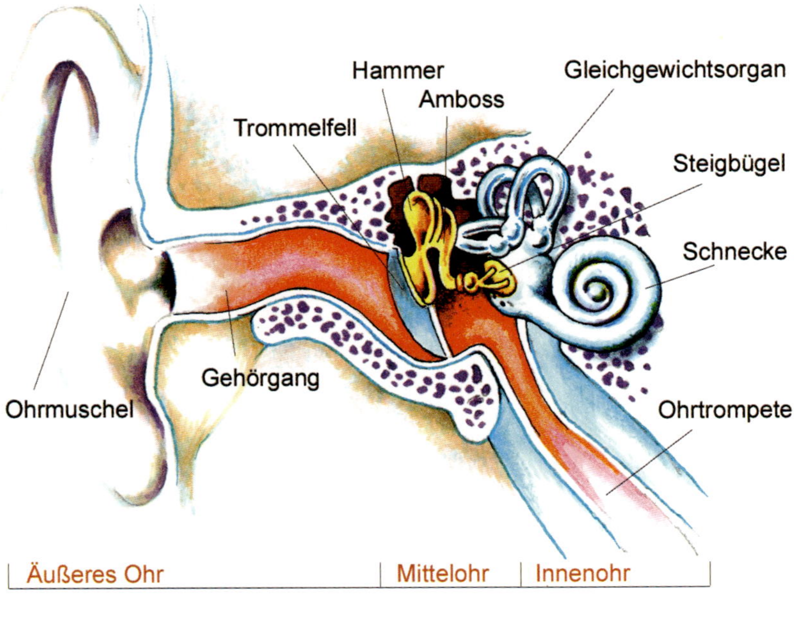

Übersicht über den Aufbau des menschlichen Ohres

Von der Ohrmuschel geht es durch eine kleine Öffnung in den Gehörgang, der zum Ende hin etwas schmaler wird.
Am äußeren Eingangsteil besteht er aus Knorpel und ist mit Drüsen und Härchen bestückt. Der innere Teil wird durch Knochen geformt und ist schmerzempfindlicher als der äußere Teil.

Im Gehörgang wird das gelbliche Ohrenschmalz gebildet, das aus den Absonderungen der Drüsen und abgeschilferten Hautteilchen besteht. Es ist gewissermaßen eine Art körpereigener Schmierseife, denn es reinigt das Ohr und hält es geschmeidig. Mit dem Ohrenschmalz werden abgestorbene Hautteilchen und Umweltschmutz aus dem Ohr hinausbefördert. Es ist vor allem aber auch ein natürlicher Schutz gegen Infektionen.
Deswegen soll man möglichst nicht mit einem Wattestäbchen im Ohr herumbohren.

Schallwellen bestehen aus Schwingungen, die wir als Töne oder Geräusche wahrnehmen. Schallwellen können Sie sich vorstellen wie die Ringe, die Sie mit einem Steinchen erzeugen, das Sie ins Wasser werfen. Die Kreise auf der Oberfläche breiten sich immer weiter aus, werden flacher und verschwinden irgendwann. Der Abstand der Wasserkreise entspricht der Wellenlänge.
Die Geschwindigkeit, mit der sie sich ausbreiten, ist vergleichbar mit der Schallgeschwindigkeit. Ein hoher Ton erzeugt kürzere, ein tiefer Ton längere Schallwellen.
Sobald die Schallwellen auf das Trommelfell treffen, beginnt es zu vibrieren und erzeugt Schwingungen. Diese Schwingungen werden dann über die Gehörknöchelchen zur Hörschnecke geleitet und dort in Nervensignale umgewandelt. Diese werden zum Gehirn übertragen, das die Töne umsetzt.

Der Gehörgang führt zum Trommelfell, das das Innere des Ohres schützt. Es ist ein dünnes, sehr straffes Häutchen – ähnlich wie Tierhaut auf einer Trommel. Bei genauerem Betrachten besteht das Trommelfell aus Schichten, die den Schall, der durch den Gehörgang in das Ohr hinein kommt, an das Innenohr weiter „reichen".
Auf dem Trommelfell sitzt das erste Gehörknöchelchen – der Hammer. Durch den Schall geraten Trommelfell und Hammer in Schwingung. Der Hammer wiederum ist mit den beiden anderen Gehörknöchelchen – dem Amboss und dem Steigbügel – verbunden, die die Schwingung ebenfalls aufnehmen.
Der Steigbügel hat Kontakt mit dem Innenohr, das mit Flüssigkeit gefüllt ist. Deshalb ist es die Aufgabe von Trommelfell und Gehörknöchelchen, den Schall aus der Luft in Flüssigkeitsschall umzuwandeln.

Das Mittelohr

Der ganze Teil, in dem sich auch die Gehörknöchelchen befinden, wird Mittelohr genannt. Normalerweise ist es mit Luft gefüllt. Am besten übertragen sich die Schwingungen des Trommelfells auf das Innenohr, wenn der Druck auf beiden Seiten des Trommelfells in etwa gleich ist. Um das sicherzustellen, gibt es die eustachische Röhre oder die Ohrtrompete.
Die eustachische Röhre ist die Verbindung zwischen Mittelohr und Rachenraum. Normalerweise ist sie verschlossen, kann aber durch den Zug der Gaumenmuskeln geöffnet werden. Unbewusst passiert das beim Schlucken viele, viele hundertmal am Tag. Wir sorgen für diesen Druckausgleich, wenn wir im Flugzeug sitzen oder beim Steigen eine bestimmte Höhe erreichen und sich der

Außendruck verändert. Dann müssen wir erst ein paar Mal kräftig schlucken, um den Außendruck dem Innendruck anzugleichen und so den unangenehmen Druck auf das Ohr zu beseitigen.

Kleine Kinder haben häufig Probleme mit der eustachischen Röhre. Wenn das Mittelohr nicht genügend Luftnachschub erhält, entsteht ein Unterdruck im Ohr, der einen so genannten Paukenerguss nach sich ziehen kann.
Das kann passieren, wenn Krankheitskeime den Nasen- und Rachenraum besiedeln und Entzündungen verursachen, oder wenn die Belüftung schlecht ist, weil die eustachischen Röhren nicht durchlässig genug sind.
Besteht eine solche Störung der Luftversorgung über längere Zeit, wird die Schleimhaut im Mittelohr in Mitleidenschaft gezogen – und ihre Zellen verändern sich.
Dem kann der HNO-Arzt abhelfen, indem er abschwellende Tropfen und Antibiotika verordnet oder ein Paukenröhrchen einlegt, das für eine bessere Belüftung des Mittelohrs sorgt.
Ein Paukenröhrchen ist ein Röhrchen, das in einen kleinen Einschnitt im Trommelfell eingelegt wird und so das Mittelohr durch das Trommelfell belüftet.

Im Mittelohr gibt es zwei kleine Muskeln. Der eine beginnt am Hammer, der andere am Steigbügel.
Sie werden bei sehr lauten Geräuschen aktiviert und reduzieren die Schallenergie, die auf das Innenohr trifft. Sie sind gewissermaßen ein (kleiner) „Schalldämpfer“ gegen sehr laute Signale.
Sie können aber auch die Schwingungen des Trommelfells dämpfen.
Der Steigbügel – das dritte Gehörknöchelchen – überträgt dann die Schwingungen auf die Flüssigkeit im Mittelohr.

Das Innenohr

Mehrere röhrenförmige Hohlräume bilden das Innenohr.
Sie sind mit Flüssigkeit gefüllt und sehen aus wie ein Schnekkenhaus mit seinem aufgerollten Gang. Deshalb werden diese Gänge auch die Hörschnecke genannt. In unmittelbarer Nähe der Hörschnecke liegt das Gleichgewichtsorgan. Es besteht aus drei Bogengängen.
Wie die Hörschnecke sind sie mit Flüssigkeit gefüllt. Sie messen die Kopfbewegung und helfen so dem Körper, das Gleichgewicht zu halten. Jeder Bogengang ist für eine Bewegungsrichtung verantwortlich: vorwärts und rückwärts, links und rechts, hoch und runter. Bei den entsprechenden Bewegungen gerät die Flüssigkeit in den Bogengängen auch in Bewegung und signalisiert dem Gehirn, dass der Körper seine Lage verändert. Das Gehirn kann dann den Befehl an den Körper ausgeben: *„Lage verändern, sonst fallen wir um!“*
Die Bogengänge kommen jedoch bei schnellen Bewegungen im Kreis oft nicht so schnell mit. Hört die Bewegung abrupt auf, wirbelt die Flüssigkeit noch weiter. Das bemerken wir als Schwindelgefühl.

So wandelt das Ohr den Schall um, damit wir etwas verstehen

In der Hörschnecke ist das eigentliche Hörorgan versteckt. In den Windungen der Hörschnecke befinden sich drei verschiedene Gänge, auch Treppen (Scala) genannt.
Im mittleren Gang – der Scala media – liegt das Hörorgan, das Cortische Organ. Die beiden anderen Treppen werden Vorhoftreppe (scala vestibuli) und Paukentreppe (Scala tympani) genannt. Getrennt werden die Gänge von Membranen (Reissnersche Membran und Basilarmembran).

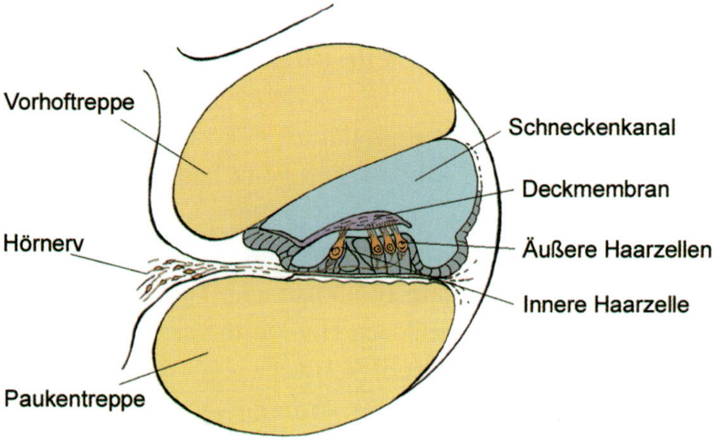

Schnitt durch eine Schneckenwindung

Im Hörorgan oder Cortischen Organ befinden sich die Haarzellen mit feinen Härchen, die die Schallwellen in Nervenimpulse umsetzen. Diese werden über Nervenbahnen zum Gehirn

weitergeleitet, das sich dann gewissermaßen seinen Reim aus dem Gehörten macht.
Im Gehirn werden auch die „Höreindrücke“ beider Ohren zusammengefasst. Das ist für das Richtungshören wichtig.

Es gibt äußere und innere Haarzellen mit unterschiedlichen Aufgaben.
Die inneren Haarzellen dienen der Umsetzung des Schalls in Nervenimpulse, die äußeren können durch winzige Positionsänderungen das Gehör empfindlicher machen, damit wir auch noch sehr leise Töne hören können. Sie sorgen so dafür, dass wir sowohl Flüstern als auch lautes Schreien wahrnehmen können.

Wie wir sehen, ist das gesunde Ohr also ständig in Bewegung, damit die Töne an Ort und Stelle geleitet und umgesetzt werden können.
Erst vor einigen Jahren ist man darauf gekommen, dass auch die Bewegungen der äußeren Haarzellen ganz leise Geräusche verursachen, die man messen kann.
Wenn sich nach der Geburt beim Messen Geräusche im Ohr feststellen lassen – so genannte otoakustische Emissionen (OAE) – dann weiß man, dass die äußeren Haarzellen sich bewegen.
Das Innenohr kann also nicht schwerwiegend geschädigt sein, sondern tut mehr oder weniger ordnungsgemäß seinen Dienst (Diese Ohrgeräusche sind übrigens nicht mit dem Tinnitus zu verwechseln).

Welche Ursachen können Hörprobleme haben?

Krankheiten der Mutter oder Medikamenten-Einnahme während der Schwangerschaft

In der Zeit der Frühschwangerschaft, wenn das Ohr angelegt wird und ausreift, können Infektionen oder schwere Allgemeinerkrankungen der Mutter auch zu Schädigungen des Kindes führen, die eine Hörstörung nach sich ziehen.
Einer der bekanntesten Risikofaktoren ist die Röteln-Infektion.
Da heute junge Mädchen und Schwangere auf Abwehrstoffe gegen Röteln getestet und im Bedarfsfall geimpft werden, kommt diese Komplikation glücklicherweise seltener vor als früher.
Eine weitere Gefahr während der Schwangerschaft ist die Cytomegalie-Infektion. Steckt sich die Mutter mit Masern, Lues oder Toxoplasmose an, ist Babys Ohr ebenfalls gefährdet.
Leidet das Ungeborene unter Sauerstoffnot, kann das ebenso auf das Gehör schlagen wie Medikamente, die die werdende Mutter einnimmt.

Frühgeburten/Geburtskomplikationen

Kommt es während der Geburt zu Komplikationen, die die Sauerstoffversorgung des Babys gefährden, können auch Schäden des Innenohrs drohen.

„Frühchen“ sind ebenfalls gefährdet, wenn sie während oder nach der Geburt unter Sauerstoffmangel gelitten haben. Nach einer schweren Neugeborenen-Gelbsucht sollten sie auch auf eine Hörstörung getestet werden. Frühgeborene müssen oft auch Medikamente bekommen, die sich in diesem frühen Alter, in dem ein Neugeborenes eigentlich noch gar nicht reif genug ist für das Leben auf der Welt, ebenfalls schädlich auf das Gehör auswirken können.

Familiäre Belastung

In manchen Familien treten Hörprobleme gehäuft auf.
Die genetische Ausstattung ist dafür verantwortlich, dass oft mehrere Mitglieder einer Familie an der gleichen Schwerhörigkeit leiden.
Bei fast der Hälfte aller schwerhörigen Kinder liegt eine erbliche Vorbestimmung vor. Hin und wieder findet sich dabei auch die Kombination mit anderen Erkrankungen wie Schilddrüsen-Fehlfunktionen, Nierenerkrankungen oder Herzleiden.
Manchmal ist die Schwerhörigkeit auch eine Begleiterscheinung von anderen Erkrankungen, etwa dem Down-Syndrom.

Medikamente

Auch Medikamente können sich negativ auf das Gehör auswirken. Das können im Kindesalter vor allem Antibiotika sein, manche Entwässerungsmittel und Krebsmedikamente.
Bei Kindern, die schon so starke Medikamente einnehmen müssen, sollte eine Gehörüberprüfung obligatorisch sein.

Infektionen

Mittelohrentzündungen und Hirnhautentzündungen können das Hörvermögen des Kindes vorübergehend oder dauerhaft gefährden. Das kann – auch eine Weile nach der Erkrankung noch – bis zur vollständigen Ertaubung gehen. In diesem Fall ist rasches Handeln sehr wichtig. Mittelohrentzündungen sind im Kindesalter allerdings recht häufig, aber meistens harmlos.

Lärm

Die Berieselung mit Musik, Radio, Fernseh- und Computergeräuschen ist heute allgegenwärtig. Hinzu kommt – vor allem in dicht besiedelten und verkehrsreichen Gebieten – noch eine Reihe von anderen Umweltgeräuschen und Hörbelästigungen. Auch mancher Beruf ist mit starken Geräuschen verbunden.
Schon Kinder im Grundschulalter haben heute häufig den Discman am Ohr und hören ihre Lieblingsmusik in einer gehörschädigenden Lautstärke. Wenn in einer Wohnung, in der Kinder leben, ständig das Fernsehgerät läuft, können Kinder oft nicht mehr zwischen wichtigen und unwichtigen Geräuschen unterscheiden und erleiden so eine Verzögerung ihrer Sprachentwicklung.
Der Lärmpegel von Diskotheken ist sprichwörtlich. Gerade Jugendliche weisen heute in hohem Maße Hörschäden durch zu lautes Musikhören auf. Wenn sie aus der Disco kommen, hören sie für eine Weile erstmal gar nichts. Viele Dauerbesucher, die womöglich das ganze Wochenende „abtanzen", haben am Ende oft einen bleibenden Hörschaden.
Doch Experten weisen darauf hin, dass bereits kleinere Kinder durch die ständige Berieselung mit Geräuschen gefährdet sind.

Selbst Kinderspielzeuge – manche Musikinstrumente, Pistolen, Knallfrösche und Ähnliches – geben oft zu laute Töne von sich. Silvesterknaller sind für etliche Knallschäden am Ohr verantwortlich.

Kapitel 1: Das Wichtigste in Kürze

- „Die“ Hörstörung an sich gibt es nicht. Hörstörungen können unterschiedliche Ursachen haben, in unterschiedlichen Bereichen des Gehörs auftreten, schon während der Schwangerschaft oder erst nach der Geburt begonnen haben.
- Behandlung und Hilfsmöglichkeiten richten sich nach der Art der Hörstörung.
- Hörstörungen bei Babys und Kleinkindern machen nicht mit einem Paukenschlag auf sich aufmerksam. Am Anfang fallen sie kaum auf. Deshalb sollten Sie die Entwicklung Ihres Kindes von Anfang an sehr aufmerksam verfolgen.
- Entwicklung – ob normal oder verzögert – ist kein Wettbewerb. Begleiten Sie ihr Kind aufmerksam in seiner Entwicklung. Und fördern Sie es nach seinen und Ihren Möglichkeiten.
- Bei den Vorsorgeuntersuchungen überprüft der Kinderarzt auch das Hörvermögen Ihres Kindes.
- Wenn Sie irgendwann das Gefühl haben, dass Ihr Kind nicht richtig hören kann, sagen Sie das unbedingt Ihrem Kinder damit er Sie gegebenenfalls an einen Spezial weiterleiten kann.

2 Welche Auswirkungen hat der Hörverlust auf die Entwicklung unseres Kindes?

In diesem Kapitel erfahren Sie, ...

- warum Hörentwicklung und Sprachentwicklung so eng zusammenhängen
- welchen Einfluss das Hören auf die geistige Entwicklung und die Persönlichkeitsreifung eines Kindes hat
- warum die optimale Versorgung eines hörgeschädigten Kindes so früh wie möglich beginnen sollte
- welche besonderen Probleme bei hörgeschädigten Kindern auftreten können

Die Sprachentwicklung

Wir alle wissen, wie wichtig das Sprechen für unser Zusammenleben, unser Wohlbefinden und auch unser Überleben ist. Die Sprache macht zwar nicht den Menschen aus, aber doch ist sie seine wichtigste Verbindung zur Welt.
Die Art zu sprechen und uns auszudrücken ist ein wichtiger Teil unserer Persönlichkeit. Eng miteinander verbunden sind deshalb auch Sprache und Selbstbewusstsein. Das Bedürfnis nach Kontakt mit anderen Menschen ist ein Grundbedürfnis des Menschen. Sprache entsteht ja vor allem aus dem Miteinander.

„Sprache bringen wir nicht allein zustande,
sie entsteht erst durch Kommunikation."

Paul Auster

Schon vor der Geburt entwickelt sich der Hörsinn – wie wir bereits gehört haben. Und von Geburt an nimmt ein Kind dann Sprachreize begierig auf.
Babys haben ein angeborenes Interesse an Stimmen – und sie verstehen Sprache, lange bevor sie selbst sprechen können. Irgendwann erprobt ein Kind im Laufe der Entwicklung seine Stimme und seine „Sprechwerkzeuge", formt die ersten Laute, Silben und Worte.
Das Lernen der Sprache braucht Zeit, Geduld und die aktive Zuwendung der Eltern.

Von größter Bedeutung ist in diesem Zusammenhang das Zuhören und damit später auch das Verständnis dessen, was man hört.

Schwerhörige Kinder kennen den Sinn „Hören" kaum. Sie müssen erst neugierig drauf gemacht werden.

Nur wer gut hört, kann sein Sprechvermögen voll ausschöpfen lernen. Auch dabei hat jedes Kind seinen eigenen Rhythmus, es gibt Schnellstarter und Spätzünder.

„Man kann es gar nicht oft genug wiederholen: Sprechen Sie mit Ihrem Kind. Erklären Sie ihm, was immer Sie auch tun. Das Kind muss lernen, das, was es sieht, mit dem, was es hört, in Verbindung zu bringen. Es begreift dann etwa, dass zu bestimmten Lauten bestimmte Tätigkeiten gehören."

R. Schönfeld

Im zweiten Lebenshalbjahr werden normalhörige Kinder mehr und mehr durch ihr eigenes Gebrabbel und die Ansprache von außen angeregt.

Sie unterhalten sich „sehr engagiert" mit ihren Eltern – durch gelallte Silben und allerlei Gebrabbeltes.

Bei Kindern, die Hörprobleme haben, lässt diese Kommunikation dagegen allmählich nach. Bald geben sie kaum noch Laute von sich. Manchmal bringen sie noch ein kleines Brabbel-Wörtchen wie „lala", „dada" oder „mama" zustande. Aber damit imitieren sie meist nur die Mundbewegungen desjenigen, der mit ihnen spricht – und nicht, weil sie dieses bestimmte Wort wirklich gehört haben.

Vielen Eltern fällt es daher erst sehr spät auf, wenn es mit der Sprachentwicklung ihrer Kinder nicht klappen will.

Damit ein Kind etwas Gesprochenes versteht, sind mehrere Lernschritte erforderlich:

- Die wichtigste Voraussetzung dafür ist, dass es die Sprache gut hören kann – also die ganze Lautvielfalt. Nur wenn es die gesprochenen Laute richtig vernimmt, kann es seine Aufmerksamkeit direkt auf den Höreindruck lenken.

- Es muss das Gesagte erkennen – also das, was es gehört hat, interpretieren können. Das ist die Voraussetzung dafür, dass es auch ähnlich klingende Worte und Laute auseinander halten kann.

- Unter dem, was es gehört hat, muss es sich dann das Richtige vorstellen. Wenn es „Elefant“ verstanden hat, darf es nicht „Kühlschrank“ meinen.

- Darüber hinaus muss es auch den Zusammenhang, in dem das Wort gesagt wird, erfassen können.

- Besonders kleine Kinder, die noch am Anfang ihrer Sprachentwicklung stehen, sind auf vielfältige Informationen angewiesen. Sie raten manchmal mehr, als dass sie allein aus dem Gehörten auf den Inhalt schließen. Deshalb müssen Kinder Gestik und Mimik des Sprechenden erlernen, um das Gehörte richtig interpretieren zu können. Das geht uns Erwachsenen übrigens nicht viel anders.

Hör- und Sprachentwicklung sind untrennbar miteinander verbunden.
Die folgenden Entwicklungsschritte, die fast identisch mit denen der Hörentwicklung sind, lassen sich beim Sprachverständnis erkennen:

- Kaum auf der Welt, reagiert das Neugeborene mit Mimik und Bewegung darauf, wenn es angesprochen wird.

- Mit einem halben Jahr reagiert das Kind auf seinen Namen. Es lallt vor sich hin. Es bildet die verschiedensten Vokale und Konsonanten.
  Man nimmt an, dass es damit seine „Sprechwerkzeuge" – also Mund, Lippen, Zunge, Gaumen und Kehlkopf – trainiert und auf den ernsten Einsatz vorbereitet.

- Mit etwa zehn Monaten kennt es einzelne Wörter und kann die entsprechenden Gegenstände dazu zeigen oder das Köpfchen in die entsprechende Richtung wenden.

- Mit einem Jahr hört das Kind interessiert seinen Eltern zu und versucht, sich in ihr Gespräch „einzumischen". Dazu verwendet es Silben oder einfache Wörter, die es schon sprechen kann.

- Das nächste halbe Jahr verbringt es damit, immer wieder nachzuplappern, was es hört.
  Damit erweitert das Kind seinen Wortschatz und übt die Worte, die es bereits kennt. Wiederholungen sind für das Sprachverständnis sehr wichtig.

- Das Kind entwickelt allmählich einen aktiven und einen passiven Wortschatz. Mit zwei Jahren hat es einen großen passiven Wortschatz – also viele Wörter, die es kennt und versteht, aber noch nicht selbst verwendet.

> *„Hören Sie nicht auf, mit Ihrem Kind zu sprechen! Manche Eltern erleiden eine Art Diagnoseschock und verstummen.*
> *Doch hörgeschädigte Kinder brauchen ebenso wie normal hörende die stetige Ansprache durch ihre Eltern. Es ist falsch zu glauben, das wäre nicht so wichtig, weil ihr Kind ja sowieso nichts oder nur wenig hört.*
>
> *Also: Kommunizieren Sie mit Ihrem Kind, wo immer es nur geht!"*
>
> A. Bohnert

- Mit drei Jahren begreift das Kind Gegensätze und Unterschiede. Es kann auf seinem Niveau sogar schon unsinnige Äußerungen erkennen – also wenn die Eltern versuchen, es zu necken mit falschen Zusammenhängen von Dingen, die es kennt (etwa: „Guck mal, der Ball macht ‚miau'!").

- Wenn es in den Kindergarten kommt, versteht das Kind die alltäglichen Äußerungen, die seinen Lebensbereich betreffen.

So können Sie den Spracherwerb Ihres Kindes unterstützen – auch dann, wenn Ihr Kind nicht gut hört und wenn es ein Hörgerät trägt:

- Sprechen Sie über alles um sie herum und was gerade so passiert. Erklären Sie Ihrem Kind alles – auch wenn es Sie im Einzelnen noch nicht verstehen kann.

- Zeigen Sie auf alles, worüber Sie sprechen. Ihr Kind lernt dann zu kombinieren – zum Beispiel welche Wörter zu welchen Gegenständen gehören.

- Achten Sie darauf, dass das, was Sie sagen, für Ihr Kind logisch nachvollziehbar ist.

- Wiederholen Sie oft.

- Fordern Sie Ihr Kind auf, selbst zu sprechen.

- Lassen Sie Ihrem Kind Zeit zu sprechen. Unterbrechen Sie nicht ohne Not (etwa, weil Sie ungeduldig sind).

- Verändern Sie Ihre Gestik und Mimik, wenn Sie sprechen. Unterstreichen Sie damit das Gesagte.

- Wechseln Sie sich mit Ihrem Kind beim Sprechen ab.

- Wenden Sie Ihrem Kind das Gesicht zu, damit es Ihren Mund beim Sprechen sehen kann.

- Drehen Sie einem hörbehinderten Kind möglichst auch nie den Rücken zu, wenn Sie mit anderen sprechen.

- Wenn Ihr Kind sprechen möchte, ermutigen Sie es.

- Lesen Sie ihm viel vor.

- Je intensiver Sie sich mit Ihrem Kind beschäftigen, desto besser sind seine Entwicklungsbedingungen.

Die Sprachentwicklung bei Hörbehinderungen ohne therapeutische Maßnahmen wie Hörgeräte kann folgendermaßen beeinträchtigt sein:

- Bei schwachen Hörbehinderungen ist die Sprachentwicklung meist normal. Es kann allerdings durch Hörfehler zu bestimmten Lautänderungen kommen.

- Bei mittleren Hörbehinderungen dauert es fast bis zum zweiten Lebensjahr – also etwa doppelt so lange wie bei Kindern ohne Hörprobleme – bis die Kinder ihr erstes Wort sprechen. Mehr als ein weiteres Jahr vergeht im Durchschnitt, bis die ersten Sätze gesprochen werden.

- Bei schwerer Hörbehinderung kommt es fast gar nicht mehr zur Sprachentwicklung. Diese Kinder brauchen fast drei Jahre, bis sie aus eigenem Vermögen ein Wort sprechen können. Fast sechs Jahre dauert es, bis ein erster Satz gesprochen wird. Dennoch werden sie nie richtig sprechen können.

Wie der Spracherwerb verläuft, hängt von der Schwere und der Art der Hörstörung ab. Ausschlaggebend sind ebenfalls die Intelligenz und die Auffassungsgabe des Kindes. Aber auch Zuwendung und Förderung durch die Eltern sind ein wesentlicher Faktor. Hörbehinderte Kinder verstehen oft den Sinn und den Zusammenhang von Wörtern nicht, können sie nicht in Beziehung zueinander setzen. Sie entwickeln einen eingeschränkten Sprachschatz und verwenden aktiv nur wenige Wörter. Manchmal gelingt ihnen die richtige Kombination der Wörter nicht. Sie können nur abgehackt im Telegrammstil sprechen, da sich ihnen logischerweise auch die grammatikalischen Regelmäßigkeiten, Satzbau, sprachliche Feinheiten und Satzmelodie verschließen.

Zudem verstehen sie Wörter oft nur unvollständig und sprechen sie deshalb auch unvollständig aus oder artikulieren sie nicht richtig – zum Beispiel, indem sie Endsilben weglassen oder die Vokale nicht richtig aussprechen (sie klingen dann alle ähnlich).

„Zischlautfehler" nennen Experten eine weitere Sprachstörung: Das S hört sich für Schwerhörige beispielsweise normaler an, wenn sie es lispeln.
Manche Schwerhörige ersetzen alle Zischlaute durch ein T.
Menschen mit Hörstörungen sprechen auch wesentlich langsamer.

Die geistige Entwicklung und Persönlichkeitsreifung

Kinder bringen eine Vielzahl von Fähigkeiten mit auf die Welt. Sie sind der Grundstock, aus dem sich ihre Persönlichkeit formt. Eine Fülle von Reizen hilft ihnen dabei, denn sie fördern die Ausreifung aller Sinne. Aus all diesen Reizen, die das Gehör, das Sehen, den Gleichgewichts-, den Geruchs- und den Tastsinn ansprechen, bildet sich das Verständnis eines Kindes von der Welt. Daraus leitet es sich Regeln und Konzepte für sein weiteres Leben ab.

Da alle Sinne und ihre Steuerzentrale – das Gehirn – aufs Engste miteinander verbunden sind, hat auch eine verminderte, stark beeinträchtigte oder fast nicht vorhandene Hörfähigkeit des Kindes vielfältige Auswirkungen auf die anderen Sinne und die Ausreifung des Gehirns. Denn das bleibt ja von der „Ohr-Seite" aus unterbeschäftigt, ihm fehlen bestimmte Reize und Informationen, die es braucht, um sich auf dieser Schiene weiter zu entwickeln.

Kinder mit Hörschäden versuchen zwar meist, ihr Problem zu kompensieren, indem sie andere Sinne schärfen – etwa indem sie mehr beobachten, sich eine eigene Art der Körpersprache zulegen oder zu anderen Hilfsmitteln greifen. Dennoch fehlt ihnen eine ganz wesentliche Komponente für ihre Entwicklung.

Ein Kind, das sich nicht mitteilen kann, kann irgendwann in große seelische Bedrängnis geraten. Es versteht ja von Anfang an die Welt nicht. Wegen des Hörproblems fehlen wichtige Informationen von und über seine Umwelt. Infolgedessen verhält sich das Kind, verglichen mit normal hörenden Kindern, „komisch".

Darauf reagieren Eltern und Mitmenschen meist ebenfalls

„komisch". Daraus entstehen viele Missverständnisse – und das Kind fühlt sich nicht verstanden. Es kommt sich womöglich abgelehnt und missachtet vor. Schlimmstenfalls entwickelt es das Gefühl, dass es nicht richtig geliebt wird.
Da die Eltern mit den Geschwistern – sofern vorhanden und normal hörend – so anders kommunizieren, dass es nicht folgen kann, fühlt das hörgeschädigte Kind sich aus einer ganzen Welt ausgeschlossen. Weil es ja noch klein ist, kann es das lebenswichtige Urvertrauen, dass die Welt es gut mit ihm meint, es beschützt und aufgehoben ist, nicht entwickeln.

> *„Für das Selbstbewusstsein Ihres Kindes wird ganz früh die Basis gelegt. Fangen Sie so früh wie möglich an, es in seiner Persönlichkeit zu bestärken. Versuchen Sie mit ihm von Anfang an ein weitestgehend normales Leben zu leben. Das Leben beginnt nicht erst, wenn das Kind ‚abtherapiert' ist."*
>
> R. Schönfeld

Ist es bereits größer, neigt es überdies dazu zu glauben, dass es ständig ungerecht behandelt wird und dass seine Geschwister oder andere Kinder ihm vorgezogen werden. Denn es begreift ja oft nicht oder hört es gar nicht, wenn die Eltern etwas verlangen oder anordnen. Dann wird es ermahnt, ausgeschimpft oder gar bestraft.
Liebevolle und tröstende Worte kommen indes nicht an. Bei Kummer ist das Kind mehr oder weniger mit sich allein. Es kann so kein Vertrauen zu sich selbst und seiner Umwelt entwickeln. Denn es hat ständig das Gefühl, dass hinter seinem Rücken etwas passiert, das sich ihm entzieht.

Seine Persönlichkeit kann nicht harmonisch ausreifen. Auch die soziale Kompentenz – also das fruchtbare Miteinander mit anderen Menschen – bleibt unterentwickelt. Dass es hier schnell zu Verhaltensstörungen kommt, liegt auf der Hand.

Manche Kinder sind nur noch in sich gekehrt, andere werden kleine Wüteriche. Alle begegnen der Welt mit allergrößtem Misstrauen. Sie haben Angst vor allem Fremden und verlieren die Neugierde auf das Leben.

„Manche Eltern neigen auch zum Überbeschützen. Sie behandeln ihr Kind, als wäre es schwer behindert. Wenn es jedoch gut versorgt ist und angemessen gefördert wird, können die Kinder wie andere auch behandelt werden. Sie sollen mit ihren Geschwistern und Freunden drinnen und draußen herumtoben. Sie sollen sich natürlich und normal bewegen können.“

P. Zorowka

Da hörgeschädigte Kinder nicht wie normalhörende bestimmte Entwicklungsschritte vollziehen (beziehungsweise nicht erkennbar oder erst sehr viel später), erhalten sie oft auch ungewollt weniger Zuwendung und Aufmerksamkeit von ihren Eltern, weniger Lob und weniger Zustimmung.
Ermahnung und Korrektur fehlen ihnen natürlich ebenso zur Entwicklung ihrer Persönlichkeit.

Die genannten Schwierigkeiten treten vor allem bei schwerhörigen Kindern auf, die in einer normal hörenden Umgebung aufwachsen.
Untersuchungen haben gezeigt, dass schwerhörige Kinder von schwerhörigen Eltern kaum Probleme haben: Sie leben gemeinsam in einer anderen Welt.

Warum gerade Kinder das Hören brauchen und optimal versorgt werden müssen

Mit unserer Welt über Hören und Sprechen in Verbindung zu treten, macht also mit den wichtigsten Teil unseres menschlichen Lebens aus. Wenn das gut funktioniert, dann wirkt es sich auf alle Bereiche unseres Lebens aus: auf die Kommunikation mit den engsten Verwandten, später mit Liebespartner, Freunden und Bekannten, auf die Kommunikation in der Schule und der Arbeitswelt, auf den beruflichen Werdegang.
Ein Kind, das nicht richtig hören und sich nur schwer verständigen kann, fällt schnell unter die Kategorie „schwer von Begriff".
Alles, was zur Teilnahme am normalen Leben gehört, ist viel anstrengender, belastender und konfliktbeladener, als wir es uns gemeinhin vorstellen können.
Ein hörgeschädigtes Kind ist ständigem Druck ausgesetzt, den Anforderungen der normal Hörenden zu folgen. Es wird stets an Normen gemessen, die eigentlich für andere gelten. Es ist nie wirklich unbeschwert in der Welt der Hörenden.

Je früher ein Hörschaden erkannt wird, umso eher können Hör- und Sprachentwicklung gezielt gefördert werden.
Nur wer hört, lernt sprechen. Deshalb ist bei Hörbehinderungen auch immer die Sprachentwicklung beeinträchtigt.
Erschwerend kommt hinzu, dass die meisten Eltern – unbewusst, aber automatisch – weniger mit ihrem Kind sprechen, denn es reagiert ja nicht.
Es fordert sie nicht in dem Maß zur Kommunikation auf wie ein Kind ohne Hörverlust.

In der ersten Lallphase lallt das hörgeschädigte Kind zwar auch noch mit. Aber hier zeigt sich schon ein erster gravierender Unterschied: Es hört sich selbst kaum oder gar nicht, es lernt seine eigene Stimme nicht kennen.
Dadurch geht ihm sogar noch mehr verloren. Ein hörendes Kind bereitet sich selbst auch Freude durch das Lallen, denn es findet seine eigenen Kreationen wunderbar, kräht vergnügt dazu, animiert sich dadurch selbst zum Weitermachen und wird von seinen Eltern auch ausgiebig dafür gelobt.
Das hörgeschädigte Kind, das sich selbst nicht hört, gibt seine Lall- und Plapperversuche irgendwann auf. Es verliert die Freude an sich und seinen Lebensäußerungen und verstummt.

Die möglichen Missverständnisse mit den Eltern sind mit das Schlimmste für diese Kinder – vor allem, wenn sie sich ungeliebt und abgelehnt fühlen.
Viele Eltern haben beobachtet, dass ihre Kinder wie ausgewechselt sind, sobald sie Hörgeräte bekommen und aktiv an ihrer Umwelt teilnehmen und sie gestalten können.

Wenn Ihr Kind bereits etwas älter ist, wenn seine Hörstörung erkannt wird, müssen Sie aber nicht gleich in Panik geraten. Natürlich ist es auch jetzt noch möglich, das Kind zu versorgen und optimal zu fördern.
Nur – und darüber müssen wir uns im Klaren sein – ist es für das Kind wesentlich mühsamer und zeitaufwendiger.
Es wird einen großen Teil seiner Zeit für seine Förderung aufwenden müssen. Diese Zeit braucht es aber auch zum Spielen und um die Welt hörend zu entdecken.

Zudem hat es sich in den vergangenen Jahren gezeigt, dass eine frühe Förderung das Hörvermögen sogar günstig beeinflussen kann.
Die rasch fortschreitende Entwicklung echter Hörhilfen hat zu der Erkenntnis geführt, dass es für die Entwicklung des Kindes zunächst gar nicht einmal so wichtig ist, wie stark der Hörverlust ausgeprägt ist, sondern was man bei bester Versorgung und Förderung erreichen kann. Und das ist eben heute mehr denn je.

Mögliche Nachteile fehlender und nicht ausreichender Versorgung bei Hörproblemen

- Das Kind findet seinen Platz innerhalb der Familie nur schwer.
- Es ist gegenüber allen anderen hörenden Menschen – insbesondere auch Geschwistern – benachteiligt.
- Es findet seinen Platz in der Gesellschaft nicht.
- Es kann sich nicht selbst versorgen, indem es seinen Bedürfnissen Ausdruck geben kann (zum Beispiel von Hunger und Durst erzählen, ein Eis kaufen, eine Limonade bestellen, der Mama von einer drohenden Gefahr berichten).
- Es kann seine Welt nicht mit Fragen erkunden („*Mama, was ist dies?*" „*Papa, wie funktioniert das?*").
- Es kann seinen Gefühlen nicht spontan Gehör verleihen.
- Es kann nicht über seine Freude, seine Ängste, seine Wut und seine Trauer sprechen.
- Es findet keine Unterstützung beim Umgang mit seinen Gefühlen und bei deren Bewertung.
- Es wird von anderen – uninformierten Lehrern etwa – für weniger intelligent gehalten.
- Es lernt schlechter, die Reaktionen der Umwelt (gut - böse, nett - unfreundlich, wohlwollend - gefährlich) einzuschätzen.

- Es lernt nicht oder viel schwerer, wie man Probleme löst.

- Es lernt die Regeln nicht, die das Miteinander leichter machen.

- Es hat weniger Möglichkeiten, seiner Phantasie Raum zu verschaffen.

- Es bleibt geistig unerfüllt, weil es nicht lernt, Zusammenhänge zu verstehen.

- Es lernt nicht, selbständig zu handeln und – unter Umständen lebenswichtige – Entscheidungen zu treffen.

- Es gehen viele schöne Hörerlebnisse an ihm vorbei – etwa das Zwitschern von Vögeln, das Rauschen von Wasser, das Brausen eines Sturms, geflüsterte Zärtlichkeiten oder Musik.

Seelische Folgen für schwerhörige Kinder im Alltag

Die besondere Situation hörgeschädigter Kinder ist im Vorangegangenen schon deutlich geworden. Doch die Behinderung zieht auch noch weitere seelische Folgen nach sich, die Eltern im Blick haben müssen, um ihrem Kind – wenn möglich, auch anderweitig – Entlastung zu verschaffen. Diese Probleme können sich in dem Maß verstärken, in dem die Kinder älter werden und mit anderen Menschen in Kontakt treten.

Identitäts-Probleme

Kinder mit Hörproblemen müssen im normalen Alltag die gleichen Anforderungen erfüllen wie alle anderen Kinder auch.
Das gilt ganz besonders für die Schule – vor allem, wenn sie die Regelschule besuchen. Sie orientieren sich mit ihren persönlichen Zielen und Maßstäben verstärkt an den anderen Kindern, ihren Geschwistern, Freunden und Bekannten, weil sie ja gerade „normal" funktionieren wollen. Ihre eigenen Wünsche und besonderen Fähigkeiten, ihre eigene Identität bleibt dabei auf der Strecke oder wird zumindest stark überlagert. Daraus erwachsen manche Forderungen eines Kindes an sich selbst, die es nur mit großen Entbehrungen und Enttäuschungen erfüllen kann.

Kinder und Jugendliche (Erwachsene natürlich auch), die zunächst ein gutes Hörvermögen besaßen, sich infolgedessen seelisch, geistig und sozial normal entwickeln konnten und dann – etwa durch eine Infektion – plötzlich schwerhörig werden oder ertauben, fallen von einem Tag auf den anderen in ein tiefes Loch. Sie haben es in dieser Hinsicht auch schwerer als die Kinder, die sich von Beginn an an ihre eingeschränkte Hörfähigkeit gewöhnen konnten. Sie sind in ihrer seelischen Integrität noch wesentlich stärker verwundbar. Denn sie haben es ja nicht gelernt, ihre Bedürfnisse und Ziele an den Begrenzungen ihres Hörproblems auszurichten.

Etwas bereits Besessenes zu verlieren ist ungleich schwerer, als etwas nie besessen zu haben und diesen Zustand „des Habens" auch nie gespürt zu haben. Während Kinder mit frühen Hörschäden ein Problem mit der Identitätsentwicklung haben, spricht man bei jenen, die später einen Hörverlust erleiden, von einem Identitätsverlust. Hier ist oft auch eine begleitende Psychotherapie gefordert, die Sie als Eltern aktiv begleiten sollten.

>> Unsere siebenjährige Christine hat einen Spruch erfunden, mit dem sie prima klarkommt. Wenn jemand sie anmachen will wegen ihres Hörgeräts, sagt sie: „Ich höre zwar nicht so gut, aber dafür höre ich besser zu". <<

Erschöpftheit

Kinder und Jugendliche, die Hörprobleme haben, müssen (trotz Ausgleich mit Hilfe von Hörgeräten) stets besonders aufmerksam sein, wenn sie es mit anderen Menschen zu tun haben.

Sie müssen „ganz Ohr sein", um verstehen zu können, was um sie herum vor sich geht. Und dennoch können sie ihren Ohren nicht trauen (oder tun es zumindest nicht). Dies ist über die Maßen anstrengend und führt zu einem typischen Erschöpfungszustand. Für Sie als Eltern ist das wichtig zu wissen, damit Sie auch auf genügende Ruhepausen bei Ihrem Kind achten können.

Verlust von Lebensfreude und sozialer Kompetenz

Wer ständig mit dem Hören beschäftigt ist und sich in einer chronischen Überanspannung beziehungsweise Erschöpfung befindet, verliert schnell den Lebensmut. Denn wenn alles so anstrengend ist, wie soll man da noch Freude am Leben und seinen eigenen Fortschritten empfinden können?
Die Unbeschwertheit und vitale Frische von Kindern können sich verflüchtigen und einer negativen und depressiven Grundhaltung Platz machen. „*Blindheit trennt von Sachen, Taubheit trennt von den Menschen!*" hat Hellen Keller – eine taub-blinde Schriftstellerin – es formuliert.
Hörprobleme erweisen sich oft als menschentrennende Behinderung. Denn trotz der räumlichen Nähe zu anderen Menschen kann aus der schwierigeren Kommunikation heraus das Gefühl von Einsamkeit entstehen. Das beinhaltet auch viele Enttäuschungen durch die Unachtsamkeit und Gedankenlosigkeit der anderen, wenn das hörgeschädigte Kind dadurch plötzlich außerhalb der jeweiligen Gruppe steht – sei es auf dem Spielplatz, im Kindergarten, bei Kindergeburtstagen, in der Familie, in der Vorschule, in der Schule oder beim Spielen generell.

Bei erwachsenen Hörbehinderten zieht das einen Verlust an sozialer Kompetenz nach sich: Jeder Mensch hat ein Bild von seinen eigenen Fähigkeiten, seinem Können, seiner Attraktivität, seiner Wirkung auf andere Menschen, seiner Bedeutung und seinem Wert innerhalb seines sozialen Verbundes (Familie, Bekannten- und Freundeskreis, Arbeits- und Wirkungsplatz). Daraus ergibt sich auch das, was ein Mensch von sich selbst und von anderen erwartet. Dieses so genannte Selbstkonzept ist unser Motor für unseren Umgang mit der Welt – etwa für unser Kontaktbedürfnis

und unsere Kontaktfähigkeit, für unser Durchsetzungsvermögen, unsere innere Selbständigkeit und Unabhängigkeit, für unseren Lebensmut und unsere Lebensziele.
Diese soziale Kompetenz – wie sie von Wissenschaftlern genannt wird – kann bei Hörbehinderten logischerweise schwer beeinträchtigt sein.
Sie stellen sich selbst automatisch immer in die zweite Reihe, weil sie glauben, andere täten das auch. Sie fühlen sich klein, minderwertig und unerwünscht. Das zieht eine umfassende Entmutigung nach sich. Wer von uns würde darunter nicht leiden?

Vertrauensverlust

Wer sich nie sicher sein kann, ob das, was er versteht und meint, was er sagt und ausdrücken möchte, auch richtig ist oder richtig ankommt, mag sich irgendwann anderen nicht mehr offenbaren oder gar anvertrauen. Wird er nicht ständig missverstanden? Begreift er überhaupt wirklich, was andere von ihm wollen? Diese Fragen führen über kurz oder lang zu einem Vertrauensverlust.
Was das für ein Kind bedeutet, können wir ermessen, wenn wir uns überlegen, was Vertrauen für eine überragende Rolle in unserem Leben und unseren Beziehungen spielt. Vertrauen gibt uns in Beziehungen die nötige Sicherheit, es schützt uns vor überflüssigen Zweifeln und Ängsten. Es hält uns von zwanghaftem Kontrollieren ab und oft auch von Scheitern und Versagen aus Angst.
Was aber passiert, wenn dieses Vertrauen erschüttert ist? Wenn ein Mensch kein Vertrauen mehr in seine Bindungsfähigkeit, sein Können, sein Vermögen und seine Attraktivität hat?
Dann zerbrechen alle natürlichen Selbstverständlichkeiten, das ganze Leben wird von Zweifeln und Ängsten überlagert.

Kapitel 2: Das Wichtigste in Kürze

- Babys haben ein angeborenes Interesse an Stimmen. Und sie verstehen Sprache, lange bevor sie selbst sprechen können.
- Hörentwicklung und Sprachentwicklung sind untrennbar miteinander verbunden. Die Sprachentwicklungsschritte sind fast identisch mit denen der Hörentwicklung.
- Hörstörungen müssen auch deshalb behandelt werden, damit die Sprachentwicklung nicht leidet.
- Vielen Eltern fällt die Hörstörung ihres Kindes erst auf, wenn es mit der Sprachentwicklung nicht klappen will.
- Ein hörgeschädigtes Kind ist ständig dem Druck ausgesetzt, den Anforderungen der normal Hörenden gerecht zu werden.
- Unbehandelte Hörschäden können die Persönlichkeitsentwicklung hemmen und zu Verhaltensstörungen führen. Denn wer nicht richtig mit seiner normal hörenden Umwelt kommunizieren kann, fühlt sich aus einer ganzen Welt ausgeschlossen.

3 Therapeutische Hilfe für Kinder mit einem Hörverlust

In diesem Kapitel erfahren Sie, ...

- an wen Sie sich wenden können, wenn Sie den Verdacht haben, dass Ihr Kind eine Hörstörung hat
- wie Sie gute Spezialisten finden, die Ihrem Kind wirklich helfen können
- welche Untersuchungen nötig sind
- welche Hörstörungen es gibt und wie sie sich äußern

Wohin bei Verdacht auf eine Hörstörung?

Generell wäre es wünschenswert, wenn bereits alle Neugeborenen auch auf Hörstörungen untersucht würden. Das ist meist bereits am ersten Lebenstag möglich. Denn wenn ein Kind mit einer angeborenen Hörstörung mit etwa drei bis vier Monaten mit einem Hörgerät versorgt werden kann, hat es – wie gesagt – die besten Chancen auf eine normale Hörentwicklung.
Geschieht das später, gehen ihm meist schon wichtige Lernschritte verloren, die es dann mühsam nachholen muss. Je später das Problem erkannt wird und je schwerwiegender es ist, desto gravierender sind logischerweise auch die Beeinträchtigungen der Entwicklung des Kindes.

Leider verstreicht jedoch heute noch viel zu viel Zeit zwischen dem ersten Verdacht, der Diagnose und der Versorgung des Kindes. Manchmal sind die Kinder dann schon ein oder gar zwei Jahre alt und noch älter – je nach dem, wie stark ausgeprägt ihr Hörproblem ist. Leichtere Schwierigkeiten beim Hören fallen meist erst später richtig auf. Besonders leichte oder einseitige Hörstörungen werden oft dadurch erkannt, dass das Kind leicht müde wird, unvermutet aggressiv reagiert oder sich überfordert zeigt. Eltern sollten deshalb nicht zögern, sich auch bei dem geringsten Verdacht möglichst schnell Gewissheit zu verschaffen.
Da sich Hörprobleme natürlich auch erst im Laufe der Zeit einstellen können – etwa durch eine Infektion – bleibt die elterliche Beobachtung ein wesentlicher Früherkennungsfaktor.
Die erste Anlaufstelle ist auch bei Hörproblemen oder dem Verdacht auf ein Hörproblem fast immer erstmal die Kinderärztin

oder der Kinderarzt (Im Folgenden wird meist die Formulierung „der Arzt“ als geschlechtsneutrale Berufsbezeichnung verwendet werden).

Im Rahmen der Vorsorge- und Früherkennungsuntersuchungen U3 bis U8 kann der Arzt erste Hinweise auf Hörprobleme finden (die U1 und U2 finden normalerweise gleich nach der Geburt in der Klinik statt).
Danach muss er eine weitere Diagnostik durch speziell ausgebildete Fachleute in die Wege leiten. Nur in seltenen Fällen ist die Kinderarztpraxis mit einigen Geräten zur Gehörüberprüfung ausgestattet – etwa einem Audiometer. Je kleiner das Kind ist, um so schwerer ist es allerdings, die Art und Schwere des Hörproblems festzustellen. Denn der Arzt kann zu diesem Zeitpunkt nur aus Reflexen und Reaktionen des Babys rückschließen. Weil es ja noch nicht „sagen“ kann, was es hört. Weniger ausgeprägte Hörstörungen werden dabei leicht übersehen. Das gilt auch, wenn Kinder bei der Untersuchung nicht richtig mitziehen können oder wollen – etwa, weil sie nicht verstehen, was sie tun sollen, oder weil sie in der Trotzphase und vielleicht bockig sind.

„Die Crux liegt darin, dass es in Deutschland keine Früherkennung bei Babies gibt.
In Österreich beispielsweise ist sie fast flächendeckend eingeführt. Eine generelle Untersuchung auf Hörschäden im Rahmen der üblichen Früherkennungsuntersuchungen muss endlich umgesetzt werden, sie ist heute ein absolutes Muss. Und sie ist auch ökonomisch vertretbar. Es gibt eine Reihe von Leiden, deren Häufigkeit im Promille-Bereich liegt – wie etwa Schilddrüsenerkrankungen – nach denen bei der Früherkennung gefahndet wird.
Hörstörungen aber liegen im Prozentbereich und werden nicht berücksichtigt. Dadurch kommt es bei etlichen Kindern zu Entwicklungsbehinderungen.“

P. Zorowka

Liegen Risikofaktoren für eine Hörstörung vor?

Bei rund der Hälfte aller Hörprobleme lassen sich bestimmte Risikofaktoren nachweisen.
Das sind beispielsweise Hörprobleme in der engeren Verwandtschaft, Infektionen in der Schwangerschaft, Komplikationen bei der Geburt, die einen Sauerstoffmangel beim Baby und/oder eine nachfolgende Beatmung mit einem Beatmungsgerät nach sich gezogen haben, oder Infektionen wie Gehirnhaut- oder Mittelohrentzündung.
Auch bestimmte Medikamente können negative Auswirkungen auf das Gehör haben – zum Beispiel einige Antibiotika.
Wenn bei Ihrem Kind einer dieser Risikofaktoren vorliegt, sollten Sie auf jeden Fall das Gespräch mit dem Kinderarzt suchen, damit Sie sich gemeinsam Klarheit verschaffen können.

Vor dem Praxistermin legen Sie sich am besten Ihre eigenen Fragen an den Arzt zurecht. Schreiben Sie sie ruhig auf, ebenso die Antworten, die Sie bekommen. Vielleicht wollen Sie auch gleich ein Büchlein anlegen, damit Sie selbst später immer wieder mal nachschauen können.
Fallen Ihnen nach dem Arztbesuch noch weitere Fragen ein, scheuen Sie sich nicht, noch einmal anzurufen und zu fragen, ob Sie Ihre Fragen telefonisch klären können oder ob Sie sich einen weiteren Termin geben lassen sollen.

Damit Sie und Ihr Kinderarzt Hörproblemen schneller auf die Spur kommen, sollten Sie sich vor den einzelnen Untersuchungen auf folgende Fragen des Arztes vorbereiten:

U 3 (ca 4. bis 6. Lebenswoche):

- Reagiert Ihr Baby auf plötzliche laute Geräusche – etwa, indem es zu schreien beginnt oder die Augen schließt und wieder öffnet?

- Reagiert es, wenn Sie mit ihm sprechen?

- Sucht Ihr Baby mit den Augen nach der Geräuschquelle?

- Lauscht Ihr Baby Ihnen, wenn Sie gezielte Geräusche machen – etwa, wenn Sie mit Papier rascheln (in etwa 20 Zentimeter Abstand)?

- Lallt Ihr Kind gelegentlich?

U 4 (ca 3. bis 4. Lebensmonat):

- Bewegt Ihr Kind seinen Kopf jetzt schon in die Richtung, aus der die Geräusche kommen?

- Lacht Ihr Kind ab und zu?

- Wacht es aus dem Halbschlaf auf, wenn Sie an sein Bettchen treten?

- Hat Ihr Kind zu brabbeln begonnen?

- Reagiert es auch auf Sie, wenn es Sie nicht direkt sieht?

U 5 (ca 6. bis 7. Lebensmonat):

- Reagiert Ihr Kind jetzt auch auf Musik oder Geräusche aus Radio, Fernsehen, Video, PC?

- Wenn es vor sich hin brabbelt, sind dann schon verständliche Laute oder wieder erkennbare Silben dabei?

- Macht es mit seiner eigenen „Unterhaltung“ (anstatt mit Schreien) auf sich aufmerksam – etwa, wenn es gerade aufgewacht ist?

- Wird es unruhig, wenn es unbekannte Geräusche hört?

- Reagiert es nun auch auf Geräusche, die von außerhalb des Raumes kommen?

- Beobachtet Ihr Kind Sie, wenn Sie sich mit anderen Menschen unterhalten?

U 6 (ca 10. bis 12. Lebensmonat):

- Versteht Ihr Kind jetzt schon, wenn Sie Verbote aussprechen – etwa ein deutliches „*Nein*“ oder „*Nicht*“?

- Kann es schon zwei oder mehr kleine Wörter sprechen?

- Wenn Sie Ihr Kind auffordern, etwas zu tun, folgt es Ihnen dann?

- Wenn Ihr Kind allein und zufrieden ist, unterhält es sich dann selbst, indem es munter vor sich hin brabbelt?

- Wenn Sie Musik machen, sucht Ihr Kind dann die Stelle, wo sie herkommt?

- Reagiert Ihr Kind, wenn Sie ihm aus geringer Entfernung etwas zuflüstern?

U 7 (ca 21. - 24. Monat):

Neben der allgemeinen Untersuchung und Beurteilung dient dieser Termin vor allem der Feststellung, ob die Sprachentwicklung normal verläuft.

- Wenn Sie Ihrem Kind zuflüstern, dass es Ihnen zum Beispiel seine Nase, ein Ohr oder ein Füßchen zeigen soll, folgt es dann Ihrer Aufforderung?

- Folgt es Ihrer ins Ohr geflüsterten Aufforderung, Ihnen ein Wort nachzusprechen oder ein Spielzeug zu reichen?

- Kann Ihr Kind bekannte Geräusche voneinander unterscheiden? Etwa Miezes Schnurren, Papas Autotür, das Bellen des Nachbarhundes, das Schleudern der Waschmaschine, das Brummen des Rasenmähers?

- Kann Ihr Kind eine Fliege oder Mücke brummen oder summen hören?

- Wenn Ihr Kind mit anderen Kindern zusammen ist, brabbelt es dann mit ihnen gemeinsam – also, versucht es, mit Brabbeln Kontakt zu ihnen aufzunehmen?

U 8 (ca 43. bis 48 Monat):

- Missversteht Ihr Kind Sie oft, wenn es Ihnen beim Sprechen nicht auf den Mund sehen kann?

- Haben Sie inzwischen das Gefühl, dass Ihr Kind nur mühsam verstehen kann?

- Ist Ihr Kind schnell unkonzentriert?

- Kann es sich mit seinen Spielgefährten nicht richtig verständigen?

- Spielt Ihr Kind lieber allein, hat es wenig Kontakt zu anderen Kindern, oder wird es von ihnen beim Spielen ausgeschlossen?

- Kann Ihr Kind mit großer Sicherheit bekannte Geräusche voneinander unterscheiden?

So finden Sie einen guten Spezialisten

Wenn der Verdacht besteht, dass eine Hörstörung vorliegt, wird der Kinderarzt Sie an einen Spezialisten weiter verweisen. Denn nun muss ja genau festgestellt werden, an welcher Stelle der Hörfehler zu suchen ist, damit auch die Therapie zielgerichtet sein kann.

Der Spezialist sollte über eine große Erfahrung verfügen. Denn je kleiner das Kind ist, um so schwieriger ist die Diagnose. Der Spezialist ist meist ein Facharzt aus einer Klinik mit einer entsprechenden Abteilung für Hörprobleme. Deshalb werden Sie unter Umständen auch längere Anreisen in Kauf nehmen müssen.

> *„Das Neugeborenen-Screening muss gesetzlich verankert und organisiert werden. Wichtig ist es auch, dass es dort stattfindet, wo kontrollierte Qualitätsmaßstäbe eingehalten werden.*
> *Das sind in der Regel die pädaudiologischen Zentren."*
>
> R. Schönfeld

Falls Sie das Gefühl haben, dass Ihr Kinderarzt das Problem nicht ernst genug nimmt oder mit Hörverlusten vielleicht noch etwas unerfahren ist, sollten Sie das keinesfalls auf sich beruhen lassen. Denken Sie daran, dass für Ihr Kind wertvolle Zeit verstreichen könnte. In einer Klinik oder Abteilung für Phoniatrie und Pädaudiologie finden Sie geeignete Anprechpartner, die für Stimm-, Sprech-, Sprach- und Schluckstörungen und kindliche Hörstörungen ausgebildet sind.

Auch an Schulen für Gehörlose oder Schwerhörige gibt es spezielle Beratungsstellen für Kinder mit Hörproblemen und deren Eltern. Manche dieser Beratungsstellen bieten ebenfalls Untersuchungen an.

Sie können sich aber auch von den Elterninitiativen entsprechende Fachleute empfehlen lassen, mit denen andere betroffene Eltern und Kinder gute Erfahrungen gemacht haben.

Weil es vielleicht eine Weile dauert, bis das Hörproblem richtig lokalisiert und diagnostiziert wird, sollten vor allem auch Sie selbst Zutrauen zu den Ärzten haben.
Denn Sie werden in dieser Zeit wahrscheinlich ohnehin ziemlich verunsichert und genervt sein und Unterstützung brauchen. Sie als Eltern brauchen Zuspruch und kompetente Ansprechpartner, damit Sie sich gut aufgehoben fühlen und auch verstehen, warum etwas mit Ihrem Kind passiert, welche Diagnose-Maßnahmen und Behandlungen aus welchen Gründen wichtig sind. In einer guten Klinik weiß man, wie Ihnen zumute ist und wird versuchen, Ihnen und Ihrem Kind nicht nur fachlich, sondern auch menschlich zur Seite zu stehen.

Die Fachleute sagen Ihnen dann auch, welche anderen Experten noch zu Rate gezogen werden sollten oder müssen.
Möglicherweise kommen damit weitere Belastungen auf Sie zu, die jedoch im Interesse der Entwicklung und der notwendigen Förderung Ihres Kindes wichtig sind. Von den Ärzten erfahren Sie auch, welche Akustiker sich auf Kinder spezialisiert haben. Sie werden Pädakustiker genannt und sind dafür ausgebildet, die Kleinen gut und kompetent mit Hörgeräten zu versorgen. Auch sie werden Sie fachlich und menschlich begleiten.

Das zeichnet einen guten Spezialisten aus:

- Er nimmt sich Zeit
- Er beantwortet Ihre Fragen eingehend
- Er vermittelt Ihnen das Gefühl, Zeit für Sie zu haben
- Er erklärt Ihnen alle Maßnahmen ausführlich
- Er erläutert auch Vor- und Nachteile, Risiken und Gefahren einzelner Maßnahmen
- Er versucht nicht, Sie gegen Ihren Willen zu einer Maßnahme zu bringen, sondern hilft ihnen dabei, sich weitere Klarheit zu verschaffen
- Er geht auf Ihr Kind richtig ein
- Die Sprechstunde ist gut organisiert
- Die Wartezeiten sind erträglich

Erste Klarheit: Die Untersuchung

Zunächst wird der Pädaudiologe sich das Ohr anschauen und Nase, Rachen und Mund inspizieren. Dazu verwendet er meist ein so genanntes Otoskop, eine Art Ohrtrichter, in den eine Lichtquelle und meist auch eine Lupe eingebaut sind.
Ein spezielles Ohrmikroskop ermöglicht es dem Arzt, nicht nur mit einem, sondern mit beiden Augen ins Ohr zu schauen, außerdem bietet es eine stärkere Vergrößerung an. So kann er zum Beispiel erkennen, ob das Trommelfell ein Loch hat, ob es entzündet oder gerötet ist, ob es Vernarbungen aufweist oder ob sich im Mittelohr ein Erguss finden lässt.

Da häufig auch Entzündungen des Rachenraums, der eustachischen Röhren und/oder des Mittelohrs eine Schwerhörigkeit nach sich ziehen können, schaut sich der Arzt auch genau das Innere von Nase und Mund an. Dafür werden heute meistens Endoskope verwendet. Denn damit kann der Arzt gewissermaßen um die Ecke schauen und den gesamten Rachenraum überblicken, ohne Ihr Kind allzu sehr zu belasten.

Häufig wird auch noch der Druck im Mittelohr und die Beweglichkeit des Trommelfells und der Gehörknöchelchen geprüft.
Denn, wie Sie wissen, funktioniert die Schallübertragung ja am besten, wenn auf beiden Seiten des Trommelfells der gleiche Druck herrscht und wenn Trommelfell und Gehörknöchelchen optimal beweglich sind. Mit diesem Test, der Tympanometrie, kann der Arzt auch die Aktivität der winzigen Muskeln im Mittelohr kontrollieren, die das Trommelfell versteifen können.

Testen der Reaktion auf akustische Signale

Als erste reguläre Hörprüfung findet dann bei etwas älteren Kindern eine **Tonschwellen-Audiometrie** statt.
Dabei werden über Kopfhörer verschiedene Tonhöhen in unterschiedlichen Lautstärken getestet. Das geschieht in einem Audiometrie-Raum, der entsprechend für Kinder ausgestattet sein muss. Die Untersuchung wird entsprechend dem Alter beziehungsweise dem Entwicklungsstand des Kindes ausgeführt. Weil die Konzentration von Kindern begrenzt ist, muss bei der Auswahl des Verfahrens sorgfältig vorgegangen werden. Denn es ist meist nicht möglich, verschiedene Tests direkt nacheinander zu machen.

Bei jungen Säuglingen wird die **Reflex-Audiometrie** eingesetzt: Sie reagieren auf Töne mit bestimmten Reflexen – wie plötzliches Augenblinzeln, Ärmchen zur Seite und wieder zusammenbewegen oder kurz beim Saugen innehalten.

Mit der **Reaktions-Audiometrie** werden weitere Reaktionen beobachtet – und zwar bei Kindern, die ebenfalls noch zu klein (oder entwicklungsverzögert) sind, um zu sagen oder zu zeigen, was sie gehört haben.
Werden ihnen Töne vorgespielt – meist über Lautsprecher (bei älteren Kindern auch über Kopfhörer) – die sie hören können, werden sie ruhiger oder wenden den Kopf in die Richtung, wo das Geräusch herkommt.
Da Kleinkinder nach einer Weile das Interesse an den Tönen verlieren, wird die Reaktions-Audiometrie mit optischen Reizen gekoppelt. Kurz nach einem Ton wird dem Kind rechts oder links ein lustiges Bild gezeigt, je nachdem aus welcher Ecke der Ton kam. Das Kind verbindet den Ton mit der Belohnung – es darf sich ja ein lustiges Bild anschauen. Dadurch hält es den Test länger durch, ohne sich zu langweilen. Nach einer Weile wendet es automatisch den Kopf in die Richtung, aus der ein Ton kommt. Das Drehen des Kopfes in die entsprechende Richtung zeigt an, dass das Kind den Ton gehört hat.

So werden Tonhöhe und Lautstärke gemessen

Tonhöhe: Sie wird bestimmt durch die Zahl der Schwingungen pro Sekunde. Die Grundfrequenz einer männlichen Stimme beträgt im statistischen Durchschnitt etwa 100 Hertz, bei Frauen sind es etwa 200 Hertz. Das gesunde Ohr eines Jugendlichen hört zwischen 16 und 20 000 Hertz.

Lautstärke: Hierbei wird der Schalldruckpegel in Dezibel gemessen: Flüstern erreicht etwa 35, eine normale Unterhaltung cirka 65 Dezibel. In Diskotheken werden meist mindestens 110 Dezibel erreicht. Neugeborene reagieren erst auf ziemlich hohe Lautstärken von 70 bis 90 Dezibel.

Wenn die Kinder dann noch etwas älter sind – etwa im Kindergarten-Alter – lässt sich die Untersuchung auch mit Spielen durchführen: Wenn sie einen Ton gehört haben, können die Kinder beispielsweise ein Klötzchen in ein Steckbrett stecken, einen bestimmten Knopf drücken oder Ähnliches.
So können sie selbst aktiv mitarbeiten. Damit sich die Kinder nicht so schnell langweilen, werden ihnen auch speziell aufbereitete Töne angeboten – etwa Naturgeräusche, Musikinstrumente, Tierstimmen oder bestimmte Kinderlieder.

Um festzustellen, ob eine Schall-Leitungs-Schwerhörigkeit vorliegt, wird nun ein kleines Gerät hinter dem Ohr auf die Haut gedrückt, ein so genannter Knochenleitungshörer.
Er überträgt Schwingungen direkt auf den Schädelknochen. Von dort werden die Schwingungen zum Innenohr geleitet. Das Mittelohr wird bei diesem Test umgangen.
Wird der Schall nicht ausreichend in das Innenohr übertragen, liegt eine Schall-Leitungs-Schwerhörigkeit vor. Das ist zum Beispiel bei einer Mittelohrentzündung der Fall.

Alle eingesetzten Testverfahren und die erhobenen Daten und Befunde werden im Audiogramm-Formular festgehalten. Damit lassen sich auch die Ergebnisse immer wieder miteinander vergleichen.

Untersuchungen sind kein Wettbewerb

Wichtig bei all diesen Untersuchungen ist es, dass die Eltern sich dabei weitestgehend zurückhalten und nicht versuchen ihr Kind zu beeinflussen. Denn es geht hier ja nicht um die „besten“ Ergebnisse – sondern darum, dass herausgefunden wird, wo die Hörprobleme des Kindes zu suchen und wie sie zu beheben sind.
Befolgen Sie also genau die Anweisungen der Fachleute. Natürlich werden Sie trotzdem Ihr Kind beobachten und darauf schauen, dass es ihm auch gut geht.
Sagen Sie dem Untersucher, wenn Ihr Kind müde ist und eine Pause braucht, wenn es sich nicht so gut fühlt oder hungrig ist.

Weiterführende Tests beziehen beim älteren Kind dann auch die Sprache mit ein. Dabei werden dem Kind Wörter zugespielt, die es nachsagen soll. Gleichzeitig werden die Wörter mit unterschiedlichen Lautstärken oder Störgeräuschen kombiniert.
Kinder, die Probleme mit der Hörverarbeitung haben, verstehen beispielweise in der Ruhe alles – aber weniger oder nichts mehr, wenn zusätzlicher Lärm hinzukommt. Dazu wurden spezielle Testverfahren entwickelt – etwa der Mainzer Kindertest, der Göttinger Kindersprachtest, der Oldenburger Kinderreim oder der Freiburger Sprachtest.

Ob ein Kind mit beiden Ohren zur gleichen Zeit jeweils unterschiedliche Wörter verstehen kann, wird mit dem dichotischen Test kontrolliert. In jedes Ohr wird ein anderes Wort geschallt, das Kind muss beide nachsagen. Zur Überprüfung des Richtungshörens stellt sich das Kind in einem Halbkreis mit fünf bis sieben Lautsprechern auf. Es soll dann jeweils angeben, aus welchem Lautsprecher die Töne kamen.

Viele Kinder mit Hörproblemen haben eine veränderte Empfindung für Lautstärke.
Sie hören beispielsweise leise oder mittelleise Töne gar nicht, empfinden dann aber normal laute oder lautere Töne schon als zu laut oder unerträglich. Dieses Phänomen kann mit einem Hörgerät ausgeglichen werden. Es wird mit der Lautheits-Skalierung getestet. Das ist etwa vom fünften bis sechsten Lebensjahr an möglich. Das Kind gibt dann selbständig – etwa mit Hilfe von verschieden großen Teddybären – an, wie laut es Töne empfindet.

Da Töne manchmal nur ganz kurz andauern oder schnell aufeinander folgen, müssen wir auch rasch genug hören können. Manche Laute dauern zum Beispiel nur unvorstellbar kurze 0,04 Sekunden – und trotzdem hören wir sie als Ton.
Der Abstand zwischen zwei gerade noch als getrennt wahrgenommenen Tönen wird Ordnungs-Schwelle genannt. Kinder, die Probleme mit der Ordnungs-Schwelle haben, haben nicht selten auch Schwierigkeiten beim Spracherwerb.

Messung von Ohrgeräuschen, den otoakustischen Emissionen

Wie Sie schon erfahren haben, gibt das gesunde Innenohr auch selbst leise Geräusche von sich – die otoakustischen Emissionen. Diese Geräusche werden gemessen, indem das Innenohr mit leisen kurzen Schallwellen stimuliert wird.

Die daraufhin entstehenden Geräusche werden mit einem Mikrofon im Gehörgang gemessen. Bei Neugeborenen und Säuglingen funktioniert das besonders gut, wenn sie schlafen, weil es sonst zu viele Nebengeräusche gibt.

Da es inzwischen sehr handliche Geräte für diese Untersuchung gibt und sie zudem recht einfach durchzuführen ist, würde sie sich für eine generelle Untersuchung bei Säuglingen eignen, um Hörstörungen möglichst schnell ausschließen zu können. Am dritten Tag nach der Geburt kann man mit den Messungen beginnen. Das können heute auch schon Kinderkrankenschwestern machen, sagen die Experten.

BERA
(Brainstem Electric Response Audiometry)

Auch die Aktivtät der Nervenbahn vom Cortischen Organ im Innenohr zum Gehirn lässt sich heute kontrollieren. Dazu wird meist an zwei Punkten auf jeder Schädelseite gemessen.
Um das akustische System zu reizen, wird das Ohr vielen kurzen Schallreizen ausgesetzt. Dann wird die Spannungsänderung an Elektroden am Kopf gemessen und ausgewertet. Das normalerweise typische Wellenbild ist bei Störungen verändert.

Meist wird das mit einem Untersuchungsverfahren namens BERA – Brainstem Electric Response Audiometry – bewerkstelligt, es ist in den vergangenen Jahren immer weiter verfeinert worden. Diese Hirnstamm-Audiometrie überprüft also, ob der Schall im Hirnstamm normal verarbeitet wird.
Auch dieses Verfahren wird bei Kindern am besten vorgenommen,

wenn sie schlafen. Bei kleinen Säuglingen geht das meist noch relativ problemlos, da sie ohnehin viel schlafen.

Für die moderneren Verfahren wird allerdings manchmal eine kleine Narkose notwendig sein, da sie eine längere Zeit in Anspruch nehmen und das Kind sehr ruhig sein muss. All diese Verfahren sind völlig harmlos und tun nicht weh.

> *„Wenn Ihnen irgendetwas ungewöhnlich erscheint, wenn ihr Kind nicht so reagiert, wie es das ‚soll' – sei es am Anfang der Diagnose oder mitten in der Behandlung – besprechen Sie das mit Ihren Therapeuten, geben Sie nicht auf und lassen Sie sich nicht abwimmeln. Manche Progredienzen werden nämlich zuerst von den Eltern entdeckt. Wenn Sie ‚ein komisches Gefühl im Bauch' haben – ‚irgendetwas steht zwischen mir und meinem Kind' – dann trauen Sie sich ruhig, es zu sagen und im Zweifelsfall auch noch andere Fachleute zu konsultieren."*
>
> A. Bohnert

Prüfung des Hörgedächtnisses und weitere Tests

Je älter ein Kind wird, um so wichtiger wird es, dass es sich Gehörtes auch merken kann (für das Diktat in der Schule etwa oder das Lernen von Sprachen beispielsweise). Deshalb wurden mehrere Tests entwickelt, die das Hörgedächtnis überprüfen.

Es gibt Kinder, die nicht zwischen einzelnen Lauten unterscheiden können. Sie sagen dann etwa stets Rind statt Kind oder Vase statt Nase. Um diesem Problem auf die Schliche zu kommen wurde beispielsweise der Bremer Laut-Diskriminations-Test entwickelt.

Die Diagnose:
Welches Hörproblem hat Ihr Kind?

Vorübergehende Hörbehinderungen

Eine Mittelohrentzündung oder ein harmlos erscheinender Schnupfen können gelegentlich zu einer zeitweise auftretenden Hörminderung führen. Dabei kann sich Sekret hinter dem Mittelohr ansammeln. Diese Absonderung behindert die Weiterleitung des Schalls vom Mittelohr zum Innenohr und dämpft den Höreindruck. Kinder zwischen zwei und sechs Jahren leiden häufig unter dieser Art von Hörproblem.
Während ein entzündetes Mittelohr sehr schmerzhaft ist, macht sich die angesammelte Flüssigkeit bei einem Schnupfen nur durch eine Hörminderung bemerkbar – und das manchmal auch nur kaum spürbar.
Nimmt die Sekretansammlung bei der Mittelohrentzündung überhand, kann der Arzt ein Röhrchen ins Trommelfell setzen, damit die Flüssigkeit ablaufen kann. Der Schmerz lässt nach, und das Ohr kann wieder ungehindert hören. Bei einer Mittelohrentzündung kommen in aller Regel Antibiotika und schmerzstillende Medikamente zum Einsatz. Die meisten Ärzte verordnen auch noch schleimhautabschwellende Nasentropfen.

Hat das Kind allerdings häufiger Mittelohrentzündungen oder Sekretansammlungen, kann es zu einer dauerhaften Störung des Hörvermögens kommen. Wichtig ist es deshalb, dass Sie bei jeder Mittelohrentzündung den Arzt aufsuchen.
Ist die Entzündung abgeheilt, sollten Sie noch eine Weile die Hörfähigkeit Ihres Kindes beobachten.

Schon geringfügige Hörbehinderungen können die Entwicklung des Kindes beeinträchtigen und zu Problemen im Kindergarten oder der Schule führen.

Neben der chronischen Mittelohrentzündung ist vor allem – und gerade bei Kindern – das Cholesteatom, eine chronische Knocheneiterung, gefürchtet. Hier werden die Knöchelchen im Ohr durch eine Entzündung in Mitleidenschaft gezogen. Breitet sie sich weiter aus, beginnen sie sich aufzulösen – etwa im Innenohr, um den Gesichtsnerv herum bis hinein ins Gehirn. Die Folgen sind gravierend, das liegt auf der Hand. Es kann zur Innenohr-Schwerhörigkeit, zu Dauerschwindel, Lähmungen und zu Abszessen am und im Gehirn kommen. Diese Vereiterung muss schnellstmöglich durch einen Eingriff behoben werden.

Ist Ihr Kind bereits älter, kann die Hörstörung auch darauf zurückzuführen sein, dass sich nach dem Baden etwas Wasser vor dem Trommelfell gesammelt hat und noch nicht wieder abgelaufen ist. Manchmal kommt es dann auch vor, dass sich der Gehörgang entzündet, weil Bakterien oder Pilze mit dem Wasser ins Ohr gelangt sind.
Gelegentlich ist auch der Abfluss von Ohrenschmalz behindert, oder ein Fremdkörper verstopft den Gehörgang.

Es kann dabei auch zu Verletzungen des Trommelfells kommen. Auch das Reinigen mit Wattestäbchen und starke Erschütterungen (Schädeltrauma, Ohrfeigen!!!) bringen die Gefahr des Einreißens mit sich.

Ein Loch im Trommelfell tut meist etwas weh, und das Kind kann eventuell über Ohrbrummen klagen.
Probleme mit dem Hören treten in seltenen Fällen auch als Begleiterscheinungen bei anderen Krankheiten auf, wie Allergien oder Diabetes.

Fehlbildungen

Ist das Ohr – die Ohrmuschel und im Ohr liegende Teile – nicht richtig ausgebildet, wird der Schall nicht richtig eingefangen und weitergeleitet.
Ist die Ohrmuschel bereits bei der Geburt nicht richtig angelegt, empfehlen Ärzte immer, auch das Gehörvermögen zu testen.
Aber auch das Mittelohr kann fehlgebildet sein beziehungsweise fehlen (wie etwa beim Franceschetti-Syndrom), was ebenfalls zu Hörbeeinträchtigungen führt. Meist wird dann das Kind erst mit einem Hörgerät versorgt und die Fehlbildungen werden operativ versorgt, wenn das Kind etwas ausgewachsener ist.

„Die Kinder sollen von Anfang an darüber aufgeklärt werden, welche Erkrankung sie haben, wo sie herkommt und was sie bewirkt. Machen Sie kein Tabu daraus. Sprechen Sie aber auch ruhig über die Probleme, die sich daraus ergeben und wie Sie sie als Familie positiv angehen wollen und können. Kinder verstehen das schon ganz prima. Sie sind zum Teil viel pragmatischer als ihre Eltern.“

A.-K. Strototte

Schall-Leitungs-Schwerhörigkeit

Ist der Gehörgang verlegt, hat das Trommelfell ein Loch, liegen Entzündungen vor, hat sich im Mittelohr Flüssigkeit angesammelt oder hat sich die Kette der Gehörknöchelchen versteift, dann wird der Schall von außen schlechter in Flüssigkeitsschall im Innenohr übersetzt.

Im Kindesalter zwischen zwei und sechs Jahren ist der so genannte Paukenerguss recht häufig. Dazu kommt es, wenn nicht genügend Luftnachschub durch die Eustachische Röhre ins Mittelohr gelangt, etwa weil sie durch einen Katarrh angeschwollen ist.
Dann entsteht im Mittelohr ein Unterdruck, und es sammelt sich hier Sekret an. Das muss nicht weh tun, kann aber die Leitung des Schalls beeinträchtigen. Diese Beeinträchtigung wird oft gar nicht bemerkt. Sie lässt sich meist einfach beheben, indem man versucht, die Schleimhäute zum Abschwellen zu bringen und für einen Druckausgleich zu sorgen, indem die Belüftung des Mittelohrs verbessert wird.

Bringt das keine Besserung, wird der Arzt ein winziges Loch in das Trommelfell schneiden und die Flüssigkeit absaugen. Das Trommelfell verheilt in kurzer Zeit von allein wieder.
In hartnäckigen Fällen legt der Arzt ein so genanntes Paukenröhrchen ein, damit das Sekret über längere Zeit abfließen kann (oft werden dabei gleichzeitig die Mandeln entfernt).
In dieser Zeit darf verständlicherweise kein Wasser ans Ohr kommen, damit keine Keime eingeschleppt werden, die Entzündungen verursachen können.
Beim Waschen und Baden sollte deshalb das Ohr zugestöpselt

werden. Das geht mit speziellen Stöpseln oder mit – besonders fürs Schwimmen gedachten – eigens angefertigten Abdrücken des Ohreingangs. Eine Badekappe gibt zusätzlich Sicherheit.

Treten solche Paukenergüsse häufiger auf oder heilen sie nicht richtig aus, kann es zu Vernarbungen kommen, die ebenfalls zu unterschiedlich schwerwiegender Schall-Leitungs-Schwerhörigkeit im Mittelohr führen können.
Negative Auswirkungen auf die Sprachentwicklung sind meist mitinbegriffen. Deshalb empfiehlt sich zur Sicherheit bei jedem Problem mit dem Mittelohr im Kleinkind- oder Kindergartenalter, den Arzt zu Rate zu ziehen.

Innenohr-Schwerhörigkeit

Ist das Hörvermögen im Innenohr gestört, sind meist Haarzellen geschädigt, so dass die Schallwellen nicht in Nervenimpulse umgesetzt werden können.
Das ist bei vielen erblichen Schwerhörigkeiten der Fall – oder wenn das Ohr durch Lärm oder Medikamente geschädigt wurde. Die Schädigung der Haarzellen kann unterschiedliche Ausmaße haben und auch nur bestimmte Bereiche betreffen.

Nach dem, was wir vorher über die Haarzellen gehört haben, wird es verständlich, dass der Ort der Schädigung jeweils andere Folgen nach sich zieht:
Manche Kinder können die hohen Töne nicht mehr hören, andere die leisen nicht, wieder andere hören nur noch Krach.
Ist der Feinstellmechanismus – der Verstärkungsmechanismus der äußeren Haarzellen – ausgefallen, können die Betroffenen

leise Töne nicht mehr hören, weil die Haarzellen sie nicht mehr verstärken können. Ist der Dämpfungsmechanismus ausgefallen, sind die Betroffenen ganz besonders lärmempfindlich – manchmal bis zur Unerträglichkeit. Hörgeräte versuchen, diese Probleme auszugleichen.

Da sich jedoch manchmal auch das, was gehört wird, verändert, kann es zusätzlich für den Betroffenen noch zu einem „Hörmischmasch" kommen, weil sich verschiedene Schallwellen gegenseitig überlagern.
Können Innenohr-Schwierigkeiten nicht durch Hörgeräte behoben werden, sind sie meist permanent. Mittelohr-Schwerhörigkeiten hingegen können besser werden.

» Wir hatten schon früh die Befürchtung, unsere Steffi könne hörgeschädigt sein. Irgendwas war anders als bei ihren beiden Brüdern. Die Jungen hatten schon ganz früh viel Spaß daran gehabt, mit ihrer Stimme zu „spielen". Steffi aber entwickelte sich in den ersten Monaten so gut wie gar nicht. Als sie etwa ein halbes Jahr alt war, verstummte sie. Kein Lachen und kein Schreien mehr. Nur noch undefinierbare Laute, die wie Winseln oder Grunzen klangen. Anfangs fanden wir das noch niedlich. Aber dann gingen wir in die Klinik. Und jetzt wissen wir endlich, wo wir dran sind – und wir können was tun. «

Unterschiedliche Hörstörungen

Wie Sie schon gehört haben, gibt es eine Vielzahl von Hörproblemen, die mit der Wahrnehmung, Verarbeitung und Bewusstwerdung von Schallwellen zusammenhängen.
Die meist schon etwas älteren Kinder, die das betrifft, werden vor allem dadurch auffällig, dass sie Schwierigkeiten mit der Sprache haben.
Manche klagen darüber, dass alle Geräusche „durcheinander gehen" und sie sich nicht konzentrieren können.
Andere Kinder haben Probleme damit festzustellen, aus welcher Richtung Töne kommen.
Wieder andere können nicht speichern, was sie gehört haben. Diese Hörprobleme werden meist durch ein gezieltes Training behandelt, das man auch zu Hause unterstützen kann.

„Liegen noch weitere Störungen vor – etwa Störungen der Motorik – so muss das Kind natürlich auch mehrdimensional behandelt werden. Dann sind zusätzlich zur Frühförderung noch andere Fördermaßnahmen erforderlich"

P. Zorowka

Gehörlosigkeit

Völlig gehörlose Kinder gibt es kaum. Aufgrund der technischen Fortschritte können auch extrem Schwerhörige Höreindrücke erzielen. Es ist dadurch möglich geworden, auch bei Schwerhörigkeiten zu helfen, die man früher nicht einmal erfassen konnte.
Da das Hörpotential eines Kindes bis zum 4. Lebensjahr ohnedies nicht endgültig zu benennen ist und möglicherweise bei guter Förderung noch weiter ausreifen kann, dürfte auch bei Ihrem Kind die Diagnose „gehörlos" vorher nicht gestellt werden.

Eine grobe Einteilung des Hörverlustes (die verwendet wird, um nach dem Versorgungsrecht den Grad der Behinderung zuzuweisen) stammt aus Zeiten, in denen es noch nicht möglich war, eine genaue Diagnose zu erarbeiten

Hörverlust	**Hörschwelle** Frequenzbereich
gehörlos	größer als 90 db
groß	60 bis 90 db
mittel	30 bis 60 db
leicht	20 bis 30 db

Von 90 dB an gab es keine Möglichkeit mehr, einem Kind überhaupt noch irgendetwas zu vermitteln.
Mit modernen Hörgeräten und Cochlea-Implantaten gehört diese Situation glücklicherweise der Vergangenheit an.

Kapitel 3: Das Wichtigste in Kürze

- Heute ist es technisch möglich, alle Neugeborenen schon wenige Tage nach der Geburt auf Hörstörungen zu untersuchen. Leider geschieht das noch viel zu selten.
- In vielen Fällen sind hörgeschädigte Kinder schon ein bis zwei Jahre alt oder sogar noch älter, bis aus einem Anfangs-Verdacht der Eltern eine gesicherte Diagnose geworden ist.
- Bereiten Sie sich auf jede Vorsorge-Untersuchung beim Kinderarzt intensiv vor. Mit Fragen, die Sie dem Kinderarzt stellen oder Beobachtungen, die Sie ihm mitteilen wollen.
- Bei jeder Untersuchung stellt der Kinderarzt auch Ihnen eine Reihe von Fragen. Die wichtigsten Fragen finden Sie in diesem Kapitel, damit Sie sich auch darauf vorbereiten können.
- Um die Art und den Grad der Hörstörung festzustellen, muss ein Spezialist für Phoniatrie und Pädaudiologie eine Reihe von Untersuchungen vornehmen. Meist geschieht das in der Spezialabteilung einer Klinik.
- Wenn feststeht, welches Hörproblem Ihr Kind genau hat, können gezielte Maßnahmen ergriffen werden.

4 Welche Hilfsmöglichkeiten gibt es für welchen Hörschaden?

In diesem Kapitel erfahren Sie, ...

- wie Sie Ihrem hörgeschädigten Kind das Hören erleichtern können
- wie die Versorgung mit einem Hörgerät funktioniert
- worauf es bei der Wahl des richtigen Hörgerätes ankommt
- wie Sie schon früh dafür sorgen können, dass Ihr Kind in jeder Phase optimal versorgt wird

So erleichtern Sie Ihrem Kind das Hören

Wenn Ihr Kind Hörprobleme hat – sei es nun dauerhaft oder vorübergehend – können Sie ihm des Verstehen etwas erleichtern:

- Wenden Sie sich Ihrem Kind beim Sprechen zu:
Der Sprachschall erreicht das Ohr so ohne Umwege, das Verstehen wird leichter. Außerdem kann Ihr Kind Ihren Mund sehen und das Verstandene über die Augen ergänzen. Das tun wir übrigens alle im Alltag.

- Sprechen Sie laut und deutlich:
Natürlich sollen Sie Ihr Kind nicht anbrüllen, doch wenn Sie etwas lauter und deutlicher sprechen, hat Ihr Kind es wesentlich leichter, sich zu konzentrieren und genau zuzuhören. Wenn Sie die Worte deutlich mit dem Mund formen, kann das Kind versuchen, die Worte abzulesen.

- Sprechen Sie langsam:
Damit Ihr Kind verarbeiten kann, was es gehört hat, und gegebenenfalls ergänzen kann, was es nicht richtig verstanden hat, braucht es seine Zeit. Reden Sie deshalb nicht zu schnell. Stellen Sie sich vor, Sie selbst sind im Ausland und jemand spricht in einer fremden Sprache mit Ihnen. Dann sind Sie auch dankbar, wenn der Betreffende langsam und deutlich mit Ihnen spricht.

- Machen Sie auch Pausen.
Damit das, was Sie gesagt haben, nachwirken kann. Sonst erscheint es Ihrem Kind wie ein Wortwirrwarr.

- Nutzen Sie die Satzmelodie, denn auch sie ist ein wichtiger Informationsträger.

Wer monoton spricht, verschluckt eine Menge wichtiger Hinweise für den Zuhörer. Die Satzmelodie vermittelt uns, ob es sich um eine Frage, einen Ausruf oder um eine Feststellung handelt.

Sie verrät auch etwas über die Stimmung des Sprechenden: Hat er gute oder schlechte Laune? Stimmt ihn das Gesagte froh, oder macht es ihn ärgerlich? Und sie ermöglicht es dem Kind, das Gesprochene leichter zu verstehen, wenn es etwas nicht verstanden hat.

> *„Spielen Sie Ihrem Kind Musik vor, auch wenn es sie nicht richtig hört. Es nimmt dabei viel mehr wahr, als uns bewusst ist – etwa die Rhythmik oder die Mimik Ihres Gesichtes. Singen Sie mit ihm, so oft Sie können."*
>
> A. Bohnert

- Schauen Sie Ihrem Kind in die Augen, dann fühlt es sich angenommen und kann Ihnen besser zuhören.

- Berühren Sie Ihr Kind während des Gesprächs – etwa, indem Sie seine Hände nehmen oder es an den Unterarmen fassen. So nehmen Sie ihm Unruhe und Nervosität, Sie schenken ihm Geborgenheit und Aufmerksamkeit („*Ich nehm' dich in den Arm, aber ernst!*").

- Achten Sie darauf, dass das, was Sie sagen, auch in sich logisch und für Ihr Kind nachvollziehbar ist. Denn sonst wird es Sie auch aus diesem Grund nicht verstehen.

- Überschütten Sie Ihr Kind nicht mit einem Wortschwall. Denn darauf kennen auch Sie selbst nur eine Reaktion: Ohren auf Durchzug schalten ...

Medikamente

Wurde im Innenohr eine frische Schwerhörigkeit festgestellt, handelt es sich meist um einen Hörsturz, der mit durchblutungsfördernden Medikamenten wirksam bekämpft werden kann. Das kommt bei Kindern jedoch sehr selten vor.

Wiederaufbauende Mikrochirurgie

Bei fehlangelegten Ohren oder Missbildungen des Innenohres kann mit Hilfe von mikrochirurgischen Eingriffen versucht werden, den von außen eintreffenden Schwingungen einigermaßen günstige Bedingungen zu bieten. Im Mittelohr können die Gehörknöchelchen operiert werden. Das Trommelfell kann durch eine Tympanoplastik ersetzt werden.
Bei Fehlbildungen des Außenohres wird aus kosmetischen Gründen operiert.

Innenohr-Prothesen (Cochlea-Implantat)

Auch den wenigen Kindern, die aufgrund einer massiven Beeinträchtigung des Innenohres fast gehörlos oder taub sind, kann heute geholfen werden.
Da Hörgeräte für sie nicht ausreichen, um aus den eingehenden Geräuschen etwas Verständliches herauszuhören, wird ihnen ein so genanntes Cochlea-Implantat (CI) operativ eingepflanzt.
CIs sind ein Ersatz für das Innenohr, denn sie wandeln Schallwellen in elektrische Signale um, die vom Hörnerv ins Gehirn weitergeleitet werden.

Auch dieser ins Ohr eingepflanzte elektronische Ersatz für das Innenohr ist ein enormer Fortschritt in der Versorgung von stark hörgeschädigten Kindern.
Sie haben so wesentlich größere Chancen, eine annähernd normale Kommunikations-Fähigkeit zu entwickeln.
Denn früher mussten die Kinder erst einmal mühsam lernen, Gesprochenes von den Lippen zu lesen. Noch mühsamer war es für sie, meist mit Hilfe von Vibratoren selbst sprechen zu lernen – etwas, was sie ja selbst nie hörten.
Da sich das „künstliche Ohr“ inzwischen so erfolgreich bewährt hat, pflanzt man es heute unter bestimmten Voraussetzungen gelegentlich auch Kindern ein, deren Schwerhörigkeit weniger extrem ist. Bevor die Entscheidung für die Implantation eines CI fällt, wird das Kind zunächst mit Hörgeräten versorgt und der Erfolg kontrolliert und beurteilt.

Das Cochlea-Implantat wandelt die von einem Mikrofon aufgenommenen Schallsignale in einem Sprachprozessor in elektrische Impulse um und stimuliert damit den Hörnerv, der sie an das Gehirn weiterleitet.
Die vom Sprachprozessor aufgenommenen Impulse werden von einer Senderspule durch die Haut zu einer Empfängerspule geleitet. Diese leitet die Impulse weiter ins Innenohr und zum Hörnerv.

Der Sprachprozessor, der direkt über ein Kabel mit der Senderspule verbunden ist, befindet sich außerhalb des Körpers. Er sitzt entweder wie ein Hörgerät hinter dem Ohr oder steckt wie ein Walkman zum Beispiel am Gürtel. Der Sprachprozessor muss natürlich immer richtig eingestellt sein – und das Kind muss lernen, die vom CI erzeugten Signale zu verstehen, und, darauf basierend, die Lautsprache zu erlernen.

Die Versorgung mit einem Hörgerät

In den meisten Fällen erhalten Kinder Hörgeräte. Heute steht dafür eine Vielzahl von Systemen zur Verfügung. Außerdem sorgt der ständige technische Fortschritt für weitere Verbesserungen für die betroffenen Kinder (und natürlich auch für betroffene Erwachsene mit Hörproblemen).
Was früher – ähnlich wie bei der Brille – für einen Makel gehalten wurde, entpuppt sich in Wirklichkeit als eine Riesenchance für die Hörgeschädigten. Denn wie wir ja inzwischen gesehen haben, geht es dabei um viel mehr als „nur" ums Hören. Ein Hörgerät ist gewissermaßen die Verbindung eines Hörgeschädigten zur Welt. Das können wir gar nicht als wertvoll genug einschätzen. Zumal es sich bei den Hörhilfen heute meist um echte Winzlinge handelt, die mehr und mehr auch modern designed werden können.

>> Als Kind habe ich mir immer farbige HdO-Geräte gewünscht. Und als es die dann endlich gab, habe ich mir sofort die Haare kurz schneiden lassen. Die meisten, die die farbigen Dinger sehen, merken sofort, dass ich schlecht höre, und fangen an, deutlich zu sprechen. Mit den farbigen Hörgeräten signalisiere ich jedem sofort, welches Problem ich habe. Das beeindruckt die Leute, und mir geht es gut dabei. <<

Was Laien meist nicht wissen: Eine Hörschädigung auch nur auf einem Ohr wird fast immer mit Hörgeräten auf beiden Ohren korrigiert. Denn nur mit beiden Ohren zusammen ergibt sich ja das komplette Hörbild, aus dem sich das Gehirn dann seine Interpretation schaffen kann. Da jedoch jedes Ohr anders hört, müssen beide Hörgeräte auch individuell angepasst werden. Welcher Hörgerätetyp für ein Kind der richtige ist, richtet sich meist nach der Art des Hörverlustes. Denn es gibt für unterschiedliche Hörverluste spezielle Angebote – etwa für die Hochton-Schwerhörigkeit oder für unterschiedlich starke Hörverluste. Auch für Kinder gibt es speziell geeignete Hörgeräte.

Die Entwicklung der Hörgeräte hat in den vergangenen Jahren einen so gewaltigen Sprung nach vorn gemacht, dass heute auch Kinder versorgt werden können, die früher als „taub" eingestuft wurden und damit kaum Chancen auf eine normale Entwicklung und ein normales Leben hatten. Diese Entwicklung ist vergleichbar mit der auf dem Computer- oder Handymarkt.

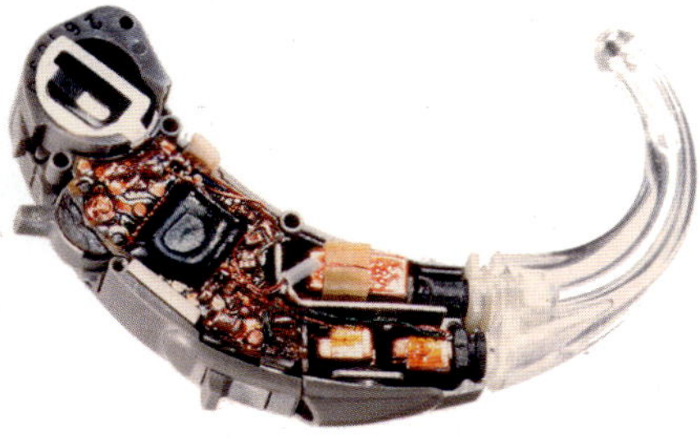

So funktioniert ein Hörgerät

Grundsätzlich besteht ein Hörgerät immer aus mindestens einem Mikrofon, einem Verstärker und einem kleinen Lautsprecher. Mit dem Mikrofon wird der Schall eingefangen und in elektrischen Strom umgesetzt. Wie bei unserem Ohr auch werden dazu nur bestimmte Frequenzen verwendet. Welche Frequenzen im Einzelfall die richtigen sind, hängt vom jeweiligen Hörschaden ab.

Moderne Hörgeräte besitzen sogar zwei Mikrofone. Dadurch kann mit diesen Hörgeräten auch noch die Richtung festgestellt werden, aus der der Schall kommt. Dadurch wird das natürliche Hören noch stärker nachempfunden und auch das Verstehen erleichtert.

Der Verstärker ist das Herzstück des Hörgerätes. Er kann analog oder digital arbeiten. Im Verstärker wird der eingefangene Schall nach den Bedürfnissen des jeweiligen Kindes umgesetzt.
Dazu gehören unter anderem die Verstärkung der Lautstärke, die bei einzelnen Frequenzen unterschiedlich sein kann, der Schutz vor zu großer Lautstärke, das Wegfiltern von Störgeräuschen und das Zumischen aus anderen Schallquellen, die über die Audio-Buchse (Audio-Schuh) hinzukommen. Für unterschiedliche Hörverluste gibt es deshalb unterschiedliche Verstärkersysteme.
Die erforderliche Verstärkung ist abhängig von den Frequenzen, der Lautstärke des Eingangssignals und dem Hörverlust.

Der Lautsprecher (Hörer) ist unmittelbar mit dem Tragehaken oder Winkel und dem Schallschlauch verbunden, der wiederum direkt in das Ohrpass-Stück – die Otoplastik – mündet. Von hier aus wird der Schall ans Trommelfell weitergeleitet.

Hörgeräte-Typen

Zunächst werden die Geräte nach Bauform und Trageweise unterschieden:

- **Hinter-dem-Ohr-Geräte (HdO-Geräte)**

Diese Geräte sehen aus wie eine kleine Mondsichel – gerade mal etwas größer als eine Erdnuss in der Schale – und werden, wie der Name schon sagt, an einer Art Winkel hinter das Ohr gehängt. In der „Mondsichel" befinden sich das Mikrofon, das die Töne einfängt, der Verstärker und ein Lautsprecher.

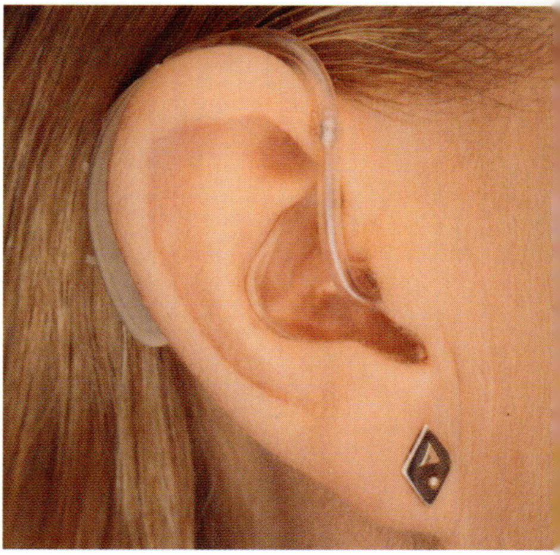

Vom Tragehaken oder Winkel führt ein Schläuchlein direkt ins Ohr. Dort mündet es in die so genannte Otoplastik, das ist ein passgenauer Abdruck der Ohrmuschel. Durch Schlauch und Otoplastik wird der Schall ins Ohr übertragen.

Die Otoplastik verhindert, dass der verstärkte Schall im Ohr wieder vom Mikrofon aufgefangen wird und zu unangenehmen Rückkopplungen führt. Die wären nämlich für das Ohr unangenehm, ja sogar schmerzhaft. Die HdO-Geräte sind bequem zu tragen, aber generell auch nicht ganz unempfindlich.

- **In-dem-Ohr-Geräte (IdO-Geräte)**

Diese Winzlinge werden direkt im Gehörgang getragen. Sie sind also noch kleiner und noch unauffälliger als die HdO-Geräte. Unter längeren Haaren können sie fast unbemerkt getragen werden.

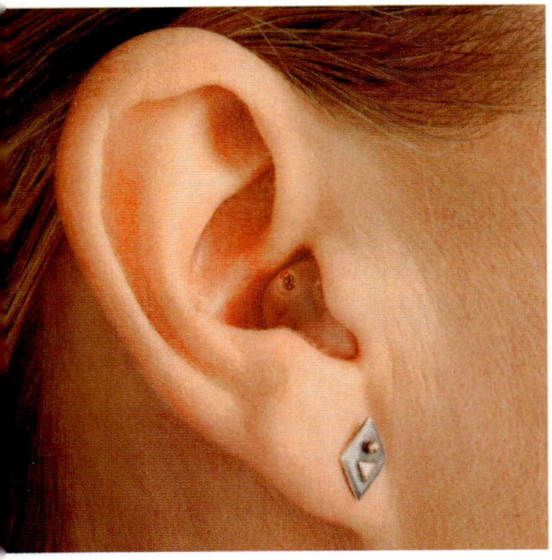

Jedoch sind die technischen Möglichkeiten wegen der Größe – oder besser gesagt: wegen seiner Kleine – eingeschränkt. So haben sie zum Beispiel keinen Audioeingang. Sie können auch nicht so stark verstärken wie HdO-Geräte, da in ihrem Inneren kein Platz für größere Lautsprecher ist. Daher werden sie in der Kinderversorgung eher selten eingesetzt

- **Taschengeräte**

Das sind Weiterentwicklungen der Hörgeräte, die früher gebräuchlich waren. Ihr Kernstück ist ein Kästchen, in das ein Mikrofon eingelassen ist – heute so groß wie eine Streichholzschachtel (die Vorgänger waren ungefähr so groß wie eine Zigarrenschachtel). Aus dem Kästchen, das in einer Brusttasche oder am Gürtel getragen wird, geht jeweils ein Kabel zu den Ohren. Hier münden die Kabel wiederum in eine Otoplastik, die den Schall an das Trommelfell weiterleitet. Diese Geräte können Geräusche sehr laut übertragen und sind sehr robust. Dennoch sind sie sehr umständlich wegen der herunterhängenden Kabel und übertragen zudem viele Nebengeräusche – etwa das Rascheln der Kleidung, der Zeitung oder das Umblättern von Büchern.

Knochenverankerte und Knochenleitungs-Hörgeräte

In speziellen Fällen – etwa, wenn kein Gehörgang vorhanden ist – kann der Lautsprecher auch direkt auf den Knochen hinter der Ohrmuschel gesetzt werden. Der Gehörgang bleibt dabei frei. Die Vibrationen des Lautsprechers übertragen den Schall dann direkt auf den Knochen.
Bei einer etwas anderen Version wird eine Art Schraube im Knochen hinter dem Ohr verankert, an der ein Hörgerät befestigt werden kann. Für kleine Kinder kommen diese Verfahren meist noch nicht in Frage.

Hörbrillen

Diese Version ist für große und kleine Brillenträger geeignet, bei denen sich sonst womöglich die Brillenbügel mit einem HdO-Gerät um den Platz hinter dem Ohr „streiten" würden.
Bei den Hörbrillen werden die Hörgeräte in die Brillenbügel eingelassen. Technisch gesehen sind sie mit den HdO-Geräten vergleichbar. Der Nachteil: Wenn die Hörbrille mal kaputt geht und repariert werden muss, kann das Kind weder hören noch sehen. Es sollte also zumindest eine Ersatzbrille haben.
Außerdem sind moderne Hörgeräte heute oft auch so konstruiert, dass Brille und Hörgerät bequem hinter dem Ohr getragen werden können. Die Hörgeräte sind dann beispielsweise an ihrem oberen Ende schmaler.

CROS- und BICROS-Hörgeräte

Wenn ein Ohr gehörlos ist und das andere normal hört, kann in speziellen Fällen – etwa, wenn auf dem gehörlosen Ohr keine Otoplastik getragen werden kann – ein so genanntes CROS-Hörgerät zum Einsatz kommen. Als BICROS-Hörgerät bezeichnet man die Kombination für ein gehörloses und ein schwerhöriges Ohr.

Analoge und digitale Hörsysteme

Eines der größten Probleme der Hörgeräte ist die Unterscheidung zwischen Tönen, die gehört werden sollen, und Nebengeräuschen – also die Abgrenzung von Nutzschall und Störschall.
Bei gesunden Ohren übernimmt das Gehirn automatisch diese Aufgabe, indem es Störschall einfach „mental" ausschaltet. Täte es das nicht, würden wir vor akustischer Reizüberflutung nervös und krank werden.
Herkömmliche Hörgeräte konnten das auch nicht, sie verstärkten ohne Unterschied jeden Ton, der auf das Mikrofon traf, gleichermaßen. Nur gewisse Frequenzbereiche ließen sich etwas steuern. Mit Hilfe neuentwickelter hochtechnologischer Hörsysteme gelingt es, auch dieses Problems Herr zu werden.

Die Begriffe „analog" und „digital" kennzeichnen zwei verschiedene Gruppen von Hörgeräten, die sich hinsichtlich ihrer Signalverarbeitung grundsätzlich unterscheiden.
Analoge Geräte – das sind meist ältere Versionen – verarbeiten den ankommenden Schall analog mit herkömmlichen elektronischen Bauteilen (zum Beispiel Kondensatoren und Widerstände).
Digitale Hörgeräte hingegen machen sich die rasanten Entwicklungen im Bereich der Mikroelektronik und Chip-Entwicklung zu Eigen.

Das Kernstück ist hier ein Chip, wie er auch in Computern oder Handys enthalten ist. Natürlich wird der Chip für ein Hörgerät ganz speziell für dieses Hörgerät entwickelt. Auf diesem Chip sind die vielen Anweisungen untergebracht, wie der Schall verarbeitet werden soll. Da es durch die Chip-Technologie möglich ist, auf einer winzigen Fläche sehr viele derartige Anweisungen unterzubringen, sind die Möglichkeiten, den Schall zu verarbeiten, bei digitalen Hörgeräten um ein Vielfaches größer als bei analogen Hörgeräten.

- **Trimmer-Hörgeräte und programmierbare Hörgeräte**

Diese Begriffe beschreiben die Methode, wie ein Hörgerät an den Hörverlust angepasst werden kann.
Trimmer-Hörgeräte besitzen bis zu vier kleine Einstellrädchen, durch die der Hörgeräte-Akustiker das Hörgerät individuell einstellen kann. Trimmer-Hörgeräte sind meistens ältere analoge Hörgeräte. Es gibt jedoch inzwischen auch digitale Hörgeräte, die über Trimmer eingestellt werden.

Bei programmierbaren Hörgeräten erfolgt die Einstellung des Hörgerätes für den jeweiligen Menschen mit einem Computer und einer speziellen Anpass-Software. Bei der Programmierung verbindet der Hörgeräte-Akustiker das Hörgerät über ein Kabel mit dem Computer. Durch diese Art der Einstellung kann das Hörgerät wesentlich besser an den Hörverlust angepasst werden. Durch das Computerprogramm können bis zu 50 Einflussgrößen berücksichtigt werden.
Durch die Verwendung von programmierbaren Hörgeräten können auch die altersabhängigen Anpassparameter gut und einfach berücksichtigt werden. Das ist besonders bei kleinen Kindern sehr wichtig und hilfreich.

Zubehör und Hilfsmittel

Es gibt eine ganze Reihe nützliche Dinge, die zusätzlich zu den Hörgeräten gute Dienste leisten können. Dazu gehören vor allem Zweitmikrofone oder drahtlose Mikrofonanlagen – so genannte FM-Anlagen, die vor allem für schwerhörige Kinder in der Schule und beim Sprachtraining unverzichtbar sind. Damit diese Zusatzgeräte genutzt werden können, braucht das jeweilige Hörgerät einen Audioeingang. Darauf sollten Sie achten, wenn Ihrem Kind ein Hörgerät angepasst wird. Die Zweitmikrofone, die über Kabel, Funk oder Infrarot mit dem Hörgerät verbunden sein können, werden hauptsächlich in Situationen eingesetzt, in denen es erhebliche Nebengeräusche gibt.

„Wenn sich Ihr Kind farbige Hörgeräte wünscht, freuen Sie sich und reden Sie ihm sie nicht aus. Das erleben wir leider oft. Da haben die Eltern dann das Problem, zur Behinderung ihres Kindes zu stehen."

A. K. Strototte

- **Die FM-Anlage**

– eine Art erweitertes Zweitmikrofon – kommt vor allem in Gruppen und in der Schule zum Zuge. Sie dient dem direkten Kontakt eines Sprechers und dem hörbehinderten Kind unter weitgehendem Ausschluss von Nebengeräuschen (Denken Sie einmal daran, wie unruhig es in Kindergartengruppen oder Schulklassen sein kann und wie schwierig es schon für ein nicht hörbehindertes Kind ist, alles zu verstehen).

Die FM-Anlage leitet den Schall über eigene Leitungen oder drahtlos zum Ohr weiter. Ihr Kind kennt sie vielleicht schon aus der Frühförderung. Sie ermöglicht es ihm, in Ruhe zuzuhören – etwa, wenn eine Geschichte vorgelesen wird – ohne von Geraschel, Gemurmel und Gebrumm abgelenkt zu werden.

In vielen Familien werden FM-Anlagen auch im Alltag gern verwendet – etwa auf Ausflügen oder beim Fernsehen.
FM-Anlagen sind auch bereits in manchen Kirchen, Museen, Konzert- und Kongress-Sälen installiert. In einigen anderen Ländern ist das dankenswerterweise bereits vorgeschrieben.
Auch Kinder, die ein Cochlea-Implantat tragen, können die modernen FM-Anlagen nutzen, ohne dass es zu unangenehmen Störungen kommt. Es gibt verschiedene Ausführungen mit unterschiedlichen Vor-und Nachteilen. Am besten lassen Sie sich bei der Auswahl durch Ihren Pädakustiker beraten.

- **Der Hucki-Clip**

ist von seiner Funktion her vergleichbar mit einer Brillenkette. Mit seiner Hilfe wird das Hörgerät zur Sicherheit zusätzlich noch festgeclippt – etwa am Pullover oder an der Jacke.
Damit soll verhindert werden, dass das Hörgerät – etwa beim Spielen und Herumtoben – herunterfällt, kaputt oder verloren geht. Er ist vor allem für lebhafte Kinder ideal. Für sie gibt es auch Haltebänder oder Klebestreifen für den zusätzlichen Halt.

- **Die Fernbedienung**

für Hörgeräte wird immer beliebter. Da die Bedienungsteile an den Hörgeräten selbst ja sehr klein und „fummelig“ sein können, bieten die Fernbedienungen bequeme Tasten und noch mehr Funktionen.
Fernbedienungen bieten sich gerade bei sehr kleinen Kindern an, denn damit können die Eltern bequem die aktuellen Einstellungen an den Hörgeräten des Kindes verändern.
Dadurch ist gewährleistet, dass das Kind immer das zur momentanen Geräuschkulisse passende Hörprogramm eingestellt hat oder der Lautstärkesteller in der richtigen Position ist.

Die Anpassung

Aus der Vielzahl der Möglichkeiten und Anforderungen ist deutlich geworden, dass auch das Anpassen eines Hörgerätes kompliziert ist und viele Dinge dabei berücksichtigt werden müssen. Bei den modernen digitalen Hörgeräten etwa müssen sehr viele Einstellparameter berücksichtigt werden, damit sie optimal an den jeweiligen Hörverlust angepasst werden können.

Kinder mit Hörgeräten zu versorgen ist noch schwieriger als bei Erwachsenen, denn sie sind ja meist noch viel zu klein, um aktiv mithelfen zu können.

Da die Qualität der Anpassung über die weitere Entwicklung des Kindes entscheidet, sollte dies immer Spezialisten wie Pädaudiologen und Pädakustikern überlassen bleiben. Meist gibt es in der entsprechenden Klinik solche Fachkräfte, oder aber hier kann Ihnen jemand in der näheren Umgebung genannt werden.

Den Experten wird eine große Sachkenntnis und viel Fingerspitzengefühl abverlangt. Sie müssen sich auch ständig weiterbilden, da die Entwicklung von Hörgeräten und Anpassformeln zum Wohle unserer Kinder besonders rasch fortschreitet.

> *„Wenn Ihr Kind schon etwas älter ist, wenn es seine erste Versorgung bekommt, spüren Sie wahrscheinlich viel Trauer und haben große Schuldgefühle. Halten Sie sich nicht damit auf, das nützt weder Ihnen noch Ihrem Kind. Schauen Sie in die Zukunft. Ihrem Kind kann doch geholfen werden!“*
>
> R. Schönfeld

Das sind die besonderen Probleme bei kleinen Kindern, die auch Sie als Eltern kennen sollten, damit Sie nicht bestimmte Dinge missverstehen und sich unnötig Sorgen um Ihr Kind machen:

- Sehr kleine Kinder können noch nicht sagen, was ihnen fehlt. Bei ihnen müssen daher besondere Mess-und Versorgungsverfahren angewendet werden.

- Bei Säuglingen kann man sehr häufig noch gar nicht so genau feststellen, um welche Art von Hörbehinderung es wirklich geht und wo es in dem komplizierten Ablauf des Hörvorgangs nun genau hapert.

- Das Störungsbild lässt sich oft erst im Laufe von einigen Monaten, manchmal auch von einigen Jahren komplett definieren. Das liegt unter anderem auch daran, dass Babys Ohr und Babys Hörvermögen noch reifen müssen. Deshalb müssen Säuglinge mit Hörstörungen auch kontinuierlich beobachtet werden.

- Bei manchen Tests müssen vor allem etwas größere Kinder leicht ruhiggestellt werden, damit das Testergebnis nicht durch ein unruhiges Kind verfälscht wird.

- Kinder sind keine kleinen Erwachsenen und können über sich noch keine Auskunft geben. Deswegen müssen die Experten bei Kindern auch öfter zunächst mit angenommenen Werten arbeiten. Diese unterliegen einer ständigen Änderung, weil sie der Realität immer genauer angepasst werden müssen.

Die ganz Kleinen bekommen zunächst einmal Hörgeräte angepasst, die hinter dem Ohr sitzen.
Denn der Gehörgang bei Säuglingen und Kleinkindern ist noch so klein, empfindlich und unausgereift, dass ein kleines Im-Ohr-Hörgerät nicht hineinpassen würde. Da das Kind ständig wächst, würde es am Ende wohl außerdem auch so sein, wie es von Kinderschuhen bekannt ist: Alle naselang wird eine Nummer größer benötigt.

Generell kann man sagen, dass Kindergeräte alle drei bis vier Jahre ausgetauscht werden müssen – sofern sie nicht verloren oder kaputt gegangen sind. Bei Erwachsenen rechnet man etwa alle fünf Jahre mit einem neuen Hörgerät.

Die Otoplastik

Das Ohrpass-Stück – die Otoplastik – ist die Nahtstelle zwischen Hörgerät und Ohr.
Es hat vielfältige Aufgaben, zum Beispiel:

- das Halten und Stabilisieren des Hörgerätes
- das Abdichten des Gehörgangs zur Vermeidung von Rückkopplungen
- Verbesserung der Signal-Übertragung

Für die Otoplastik wird ein genauer Abdruck des Innenteils der Ohrmuschel genommen. Das kann bei Kindern etwas mühsam sein und mehrere Anläufe erfordern. Manchmal nutzt man die Narkose während der verschiedenen Messverfahren aus, um einen Abdruck zu nehmen.
Für die Otoplastik werden heute bewährte weichelastische Kunststoffe verwendet, die allergiegetestet sind – etwa Kontaktlinsenmaterialien, Silikon oder Polyurethan.
Wichtig ist es ja vor allen Dingen auch, dass es durch die Otoplastik keine Druck-und Scheuerstellen gibt und dass keine Gefährdungen entstehen, wenn das Kind mal hinfällt oder im Zuge von Rangeleien unter Gleichaltrigen mal „eins aufs Ohr“ bekommt.

Auch Otoplastiken werden heute zeitgemäß designed: Es gibt sie beispielsweise in bunten Farben, mit lustigen Mustern oder mit Schmucksteinen und Glitzer besetzt.

Besser statt lauter: Hörsysteme von Siemens

Jedes Kind ist anders und einzigartig. Deshalb sind viele individuelle Möglichkeiten erforderlich, Kinder mit Hörproblemen zu versorgen. Eine der allerwichtigsten Voraussetzungen für den Erfolg der Behandlung wird leicht außer Acht gelassen:
Das schwerhörige Kind muss seine Hörgeräte von Anfang an akzeptieren. Das beste Hörgerät nützt nichts, wenn Ihr Kind es nicht trägt. Kinder spüren zwar schnell den Nutzen, den ihnen ihr Hörgerät bringt. Doch wenn es nicht toll aussieht, wird es eben doch nicht mit Begeisterung getragen.
Die Kinder-Hörgeräte von Siemens vereinigen alle Vorzüge in sich: Sie bieten hochspezialisiertes High Tech kombiniert mit kindgerechtem Design, leichten, kompakten Gehäusen und Zubehör in vielen bunten Farben. Das Hörgerät mit der Maus ist nur ein Beispiel dafür, welche Wege wir gehen, um den Kleinen kindgerecht und mit Spaß an der Sache zur Seite zu stehen.

Wir von Siemens verfügen über mehr als hundert Jahre Erfahrung in der audiologischen Technik und sind heute auf diesem Gebiet weltweit führend.
Ständig arbeitet ein Team von Fachleuten, Wissenschaftlern und Ingenieuren daran, die Hörsysteme noch besser an die Bedürfnisse schwerhöriger Menschen anzupassen.

Kinder liegen uns dabei besonders am Herzen, denn für sie steht ja auch besonders viel auf dem Spiel. Je besser sie versorgt sind, desto unbeschwerter können sie sich entwikkeln. Wir sind deshalb bemüht, immer neue und noch bessere Lösungen für schwerhörige Kinder zu finden.
Wir halten Kontakt zu den Spezialisten an Universitäten, Kinderzentren und zu Pädakustikern. Unsere Produkt-Neuentwicklungen werden umfangreichen klinischen Tests unterzogen.
Darüber hinaus stehen wir in ständigem Austausch mit anerkannten Experten und Kinderspezialisten aus aller Welt. Gemeinsam setzen wir alle uns für die Belange von schwerhörigen Kindern ein.

„Bei Hänseleien unter Kindern helfen nur Selbstbewusstsein und farbige Geräte. Farbige Geräte bauen nämlich Tabus ab, weil man sie nicht übersehen kann. Sie fördern den selbstbewussten Umgang mit der Hörbehinderung und schützen so vor Komplexen.
Farbige Geräte helfen anderen nicht zu vergessen, dass sie auf das hörgeschädigte Kind Rücksicht nehmen und sich darauf einstellen müssen.“

S. Meier

Fast die Hälfte aller Kinder, die mit Hörgeräten versorgt werden, leiden unter einer hochgradigen Schwerhörigkeit. Deshalb müssen Hörgeräte für Kinder über eine ausreichende Verstärkung und Ausgangsleistung verfügen – sie müssen den Hörerfordernissen von Kindern technisch optimal entsprechen. Aber Power ist noch lange nicht alles: Es wird darüber hinaus noch eine Reihe anderer Anforderungen an Hörgeräte für Kinder gestellt.

Technische Anforderungen

Kinder-Hörgeräte müssen flexibel einstellbar sein, damit man sie dem Wachstum des Kindes und möglichen Veränderungen des Hörvermögens anpassen kann. Denn so lange ein Kind sich im Wachstum befindet, wachsen die Ohren mit. Die Einstellung des Hörgerätes muss dem ständig größer werdenden Gehörgang angepasst werden. Denn beispielsweise wird mit zunehmender Länge des Gehörgangs die Frequenz der Gehörgang-Resonanz niedriger.
Das kann man sich vorstellen wie bei Orgelpfeifen: Je länger eine Orgelpfeife ist, desto tiefer ist ihr Ton, desto niedriger die so genannte Resonanz-Frequenz. Genauso verhält es sich mit dem Gehörgang. Und diese wachstumsbedingte Änderung muss bei der Anpassung des Hörgerätes berücksichtigt werden.

Auch das Restvolumen vergrößert sich mit dem Größerwerden des Kindes – das ist der Raum (= Volumen) zwischen der Otoplastik, also dem Ohrpassstück und dem Trommelfell. Je kleiner dieser Raum ist, desto lauter ist der Schall, der das Ohr erregt. Deshalb muss das Restvolumen auch bei der Anpassung immer berücksichtigt werden, um bei ganz kleinen Kindern das Ohr vor zu lauten Signalen zu schützen.

Gerade in den ersten vier Lebensjahren verändern sich die Gehörgangs-Resonanzen und die Größe des Restvolumens sehr stark.
Nur mit flexibel einstellbaren – programmierbaren – Geräten kann man diese Veränderungen rasch und möglichst problemlos auffangen. Siemens bezieht diese altersabhängigen Einflussgrößen in seine Anpass-Software stets mit ein.

Um den Schwerhörigen ein angenehmes Empfinden der Lautstärke zu vermitteln, muss man ein weiteres Phänomen berücksichtigen: das so genannte Recruitment.

Darunter versteht man die Tatsache, dass Schwerhörige leise Töne – entsprechend ihrer Hörschwelle – gar nicht oder kaum hören, sehr laute Töne jedoch genauso unangenehm empfinden wie normal Hörende. Denn wie bereits erklärt bedeutet ein Hörverlust ja nicht, dass der Schwerhörige alles nur komplett leiser oder gar nicht hört.

Um dieses Phänomen optimal auszugleichen, muss die Verstärkung im Hörgerät gezielt geregelt werden. Bei leisen Signalen muss das Hörgerät viel Verstärkung produzieren, damit zum Beispiel leises Vorlesen vom Kind verstanden werden kann. Bei lauten Signalen – etwa im Kindergarten – muss das Hörgerät viel weniger verstärken. Diese automatische Verstärkungs-Einstellung ist für Kinder besonders wichtig, weil sie sich häufig in einer Umgebung aufhalten, in der die Lautstärken stark unterschiedlich sind (Kindergebrüll, Spielplatzlärm, Unruhe beim Vorlesen etc.).

>> Ich bin von Geburt an schwerhörig und habe schon früh gelernt, mit Hörgeräten zu leben. Als einziger Schwerhöriger auf der Regelschule bin ich gut zurechtgekommen. Aber meine Haare habe ich immer so lang getragen, dass meine Hörgeräte nicht zu sehen waren. Als ich dann in der Stadt mal Kurzhaarige sah, die ihr Hörgerät ganz offen trugen, hat mich dass so beeindruckt, dass ich mir auch eine Kurzhaar-Frisur zugelegt habe.
Um diesen Schritt zu tun, musste ich erst 16 Jahre alt werden. Inzwischen ist das alles kein Thema mehr. Ich trage meine Hörgeräte so offen wie andere ihre Brille. <<

Dieser Vorgang wird von Hörgeräte-Technikern Kompression genannt. Mit ihrer Hilfe können leise Töne wahrgenommen und laute als nicht unangenehm empfunden werden.
Die Programmierung dieser automatischen Verstärkungs-Einstellung nimmt der Pädaudiologe mit Hilfe eines Computerprogramms – der Anpass-Software – vor.
Siemens verwendet als Regel für die Anpassung die so genannte DSL-Formel. Diese wurde vor einigen Jahren ganz speziell für Kinder entwickelt. Durch sie werden die besonderen Erfordernisse schwerhöriger Kinder optimal mit einkalkuliert.

Die alleinige Unterscheidung von lauten und leisen Geräuschen ist jedoch bei weitem nicht ausreichend. Besonders bei Kindern muss auch noch auf eine optimale Sprachverständlichkeit geachtet werden. Denn gerade sie müssen ja verstehen, was sie hören, damit sie mit Hilfe ihrer Hörgeräte sprechen lernen.
In einer normalen Umgebung ist zum Beispiel der Nutzschall, also die Sprache, häufig leiser und damit unverständlicher als der Störlärm – etwa wenn Sie mit Ihrem Kind am Straßenrand stehen und ihm sagen, dass es jetzt nicht über die Straße gehen soll, weil zu viele Autos unterwegs sind und es daher gefährlich ist, und Ihr Kind das wegen des Autolärms nicht versteht.

Ein Hörgerät mit Kompression regelt die Verstärkung automatisch und richtet sich dabei nach dem lautesten Anteil der eingehenden Töne. Dadurch wird nicht nur der Lärm (der Störschall) reduziert, sondern auch das Gesprochene – der Nutzschall. Hier bieten Hörgeräte mit mehreren Kanälen Abhilfe: Sie können Störlärm reduzieren und gleichzeitig das Sprachsignal verstärken, weil bei ihnen die Verstärkung für verschiedene Frequenzbereiche getrennt berechnet wird. Im tieffrequenten Kanal, in dem der Störschall liegt, wird die Verstärkung reduziert.
Im hochfrequenten Kanal wird die Verstärkung entsprechend dem leisen Nutzschall – also dem Sprachsignal – erhöht.
Klinische Tests haben gezeigt, dass Hörgeräte mit mehreren Kanälen hier wirksame Hilfe bieten und Schwerhörige die Sprache trotz Störlärms viel besser verstehen können.

„Erzieherinnen und Pädagogen in Regelkindergarten und Regelschule müssen auf die Hörschädigung vorbereitet sein. Am besten wäre es, sie könnten die Therapeuten des Kindes kennen lernen und von ihnen die wichtigsten Dinge erfahren. Die drahtlosen Mikrofon- oder FM-Anlagen sollten so früh wie möglich eingesetzt werden. Da dürfen sie sich nicht zieren. Sie sollten darauf achten, wann das Kind überfordert ist, denn es muss ja ein Höchstmaß an Konzentration und an Aufmerksamkeit leisten. Auch die anderen Kinder sollten lernen, Rücksicht zu nehmen.“

R. Schönfeld

Natürlich gibt es noch viele weitere Mechanismen im Hörgerät, durch die das Hörvermögen von schwerhörigen Kindern bestmöglich wieder hergestellt wird. Ihr Pädakustiker wird aus der Vielzahl verschiedener Geräte das empfehlen, das für Ihr Kind am besten geeignet ist.

Spezielles Kinderzubehör

Im Gegensatz zu den Hörgeräten für die „Großen" ist bei Kindern auch spezielles Zubehör wichtig:

- Durch Wärme verbiegbare kleine Tragehaken, die ans Ohr angepasst werden können. Das kann man sich ähnlich wie bei einem Brillenbügel vorstellen, der ebenfalls mit Wärme an seine „Aufhängung" – das Ohr – angepasst wird, damit er fest sitzt. Da er durch die körpereigene Wärme wieder etwas lockerer wird, muss er von Zeit zu Zeit wieder neu angepasst werden.
Auch der kleine Tragehaken kann immer wieder neu angepasst werden, damit das Hörgerät wirklich immer gut sitzt.

- Eine Batteriefach-Sicherung, die verhindert, dass das Kind die Batterie herausnimmt, mit ihr spielt und sie womöglich verschluckt.

- Audio-Schuhe, die eine Verbindung des Hörgeräts mit Schulanlagen und FM-Systemen ermöglichen. Dadurch wird es schwerhörigen Kindern erleichtert, eine Regelschule zu besuchen.

Kindgerechtes Design

Kinder werden in aller Regel mit Hinter-dem-Ohr-Geräten versorgt. Das hat unter anderem den Vorteil, dass – wenn sie wieder einmal ein Stückchen gewachsen sind – nicht das ganze Hörgerät ausgetauscht werden muss, sondern nur die Otoplastik, die dann größenmässig angepaßt wird.

Die HdO-Geräte für Kinder müssen besonders kompakt geformt sein, damit sie hinter den kleinen Kinderohren gut sitzen und die Ohren nicht abspreizen. Damit das Gerät akzeptiert und zuverlässig getragen wird, sollte es überdies auch noch kindgerecht aussehen.

Bunte Farben und Muster können dabei helfen, dass das Hörgerät schneller akzeptiert und selbstbewusst getragen wird. Bei einigen Siemens-Geräten ist es sogar möglich, die Gehäuse leicht auszutauschen und damit immer wieder andere Farben tragen zu können. Auch Otoplastiken gibt es bereits in verschiedenen Farben und mit Muster – für die heute sehr modebewussten Kids ein unschlagbarer Vorteil.

„Geben Sie Ihrem Kind mit auf den Lebensweg, dass es ein tolles Kind ist. Es hat zwar ein Hörproblem, mit dem es lernen muss umzugehen.

Doch andere Menschen haben andere Probleme – Sehprobleme, Ärger mit den Beinen, chronische Schmerzen – oder (ganz schlimm!) sie haben einen schlechten Charakter, sind lieblos oder böse. Ein schwerhöriges Kind ist ein großartiges Kind, gleich mit welcher Belastung es leben muss. Es kann besondere Eigenschaften entwickeln wie Beobachten, Zeichnen, Malen, Handfertigkeiten oder intellektuelle Leistungen, zu denen ein normal hörendes Kind in unserer lauten Welt kaum Muße findet. “

A. Hildmann

Winzlinge für die Kleinen

Darüber hinaus gibt es für die Kleinen Hörgeräte mit der berühmten und beliebten Maus aus der „Sendung mit der Maus“. In ihnen steckt die modernste digitale Technik von Siemens: Signia – ein Hörcomputer, der ständig selbst entscheidet, welche Laute verstärkt und gedämpft werden, und der beste Sprachverständlichkeit gewährleistet.
Mit dieser Neuentwicklung – einer Art „Airbag“ für das Ohr – können Sprache und Störgeräusche in bislang unerreichter Qualität getrennt werden. Sprache wird besonders hervorgehoben.
Das Siemens Signia sorgt dafür, dass Ihr Kind nicht das Wenige lauter hört, sondern das Wichtige besser versteht. Rückkopplungs-Pfeifen wird in Sekundenschnelle unterdrückt.

Trotz dieser enormen Leistung ist der eingebaute Mikro-Chip nur 3 mal 3 Millimeter klein. Das Siemens-Signia besitzt auch ein Richtmikrofon-System, von dem besonders ältere Kinder sehr profitieren. Auch bei der klinischen Erprobung an vielen Kindern hat Signia sehr gut abgeschnitten. Ganz sicher sind künftig weitere interessante und kindgerechte Designs zu erwarten, die Kindern das Leben mit den Hör-Winzlingen noch mehr erleichtern.

Rückkopplung beim Knuddeln

Dass ein Hörgerät im Umgang mit Ihrem Kind auch manchmal im Weg sein kann, wollen wir hier nicht verschweigen: Wenn Sie mit Ihrem Kind schmusen, kuscheln oder herumtoben, kann es zu Rückkopplungen im Hörgerät kommen.
Das macht sich durch unangenehmes Pfeifen bemerkbar.
So eine Rückkopplung entsteht, wenn der Schall aus dem Hörgerät nicht nur „vorwärts“ ins Ohr, sondern auch wieder „rückwärts“ ins Mikrofon geht. So verstärkt sich der bereits verstärkte Schall noch einmal. Das ist sehr unangenehm.

Passiert das beim Knuddeln, nehmen Sie die Hände aus der Nähe der Ohren Ihres Kindes und bringen Sie seinen Kopf in eine etwas andere Lage.
Hört das Gerät dann nicht auf zu pfeifen, müssen Sie andere Fehlerquellen suchen. Vielleicht ist die Otoplastik verrutscht oder der Schallschlauch vom Tragehaken gerutscht.

Auch wenn etwa die Patentante zu Besuch kommt und beim Begrüßungsschmatzer den Kopf Ihres Kindes in beide Hände nimmt, kann es zu Rückkopplungen und schmerzhaftem Pfeifen kommen.
Weisen Sie alle Menschen in Ihrer Umgebung darauf hin, denn das wissen sie normalerweise nicht.

Die Pflege des Hörgerätes

Je besser Sie sich mit dem Hörgerät auskennen und je sorgfältiger es gepflegt wird, umso mehr wird Ihr Kind davon haben.
Überprüfen Sie deshalb täglich das Gerät, die Batterien, Otoplastik, Winkel und Schläuche. Am besten machen Sie das zu einem Ritual wie das Zähneputzen, an dem auch Ihr Kind teilhaben sollte. Denn es muss die Kontrolle der Hörgeräte ja auch zu einem Bestandteil seines Lebens machen.

- **Hörgeräte**

Damit sie einwandfrei funktionieren können, brauchen Hörgeräte eine gewisse Pflege. Darauf sollten Sie großen Wert legen, denn Ihr Kind kann ja sonst nicht ausreichend gut hören.
Es kann auch aus den unterschiedlichsten Gründen vorkommen, dass Ihr Kind nicht immer von selbst sagt, wenn es nicht so gut hört oder etwas nicht so funktioniert, wie es muss.
Deshalb sollten Sie es sich von Anfang an zur Regel machen, das Gerät einmal täglich zu überprüfen. Auch Sie müssen ja mit der Zeit ein Gefühl für das Funktionieren des Hörgerätes entwickeln. Schließen Sie es dafür an ein Stethoclip an und testen Sie so, wie es Ihnen Ihr Pädakustiker erklärt hat.
Das Stethoclip ermöglicht es Ihnen, gewissermaßen in das Hörgerät hinein zu horchen.
Sie sollten dafür bestimmte Laute in das kleine Mikrofon sprechen und überprüfen, ob diese Laute korrekt wieder gegeben werden. Mit dem Stethoclip können Sie auch feststellen, ob das Hörgerät rauscht, knackt oder der Ton für kurze Zeit unterbrochen wird.

Wenn Sie das Hörgerät einfach in die hohle Hand nehmen, sollte es in korrekter Weise pfeifen, weil der vom Hörgerät verstärkte Schall wieder in das Mikrofon des Hörgerätes gelangt und ihn wieder verstärkt. Pfeift es nicht, müssen Sie den Fehler suchen. Generell sollte das Hörgerät nicht pfeifen, wenn es sich am Ohr Ihres Kindes befindet. Falls Sie die Störquelle nicht finden und beseitigen können, muss das Gerät zur Überprüfung zum Pädakustiker.

- **Otoplastik und Schläuche**

Auch die Schläuche und die Otoplastiken müssen regelmäßig darauf kontrolliert werden, ob sie nicht von Ohrenschmalz verstopft sind oder ob sich im Schlauch Kondenswasser befindet.
Die Otoplastiken sollten Sie ab und an mit Reinigungsflüssigkeit reinigen (vorher vom Hörgerät abziehen), damit das Ohrenschmalz entfernt wird. Danach mit klarem Wasser abspülen, damit keine Rückstände vom Reiniger zurückbleiben.
Nach der Reinigung trocknen lassen und mit der Schlauchpuste durchpusten. Auch die Schläuche müssen frei von Feuchtigkeit und trocken sein, denn sonst dringt der Schall nur gedämpft durch.
Alkoholische Reinigungsmittel eignen sich nicht, da sie das Material angreifen können. Hilfreich kann hingegen spezielles Reinigungszubehör sein, das es beim Pädakustiker gibt.
Auch in den Winkeln zwischen Hörgerät und Ohrstück sammelt sich leicht Feuchtigkeit an – insbesondere, wenn Ihr Kind viel schwitzt, oder bei schwülfeucht-warmen Wetterlagen.
Dadurch wird die Schall-Leitung gedämpft oder unterbrochen beziehungsweise der Klang verändert. Bei der täglichen Kontrolle sollte der Winkel also immer am Hörgerät stecken, damit Sie ihn gleich mit prüfen können. Über Nacht ist das komplette Gerät in einer Trockendose gut aufgehoben.

Batterien

Alle Hörgeräte brauchen Batterien, damit sie ausreichend mit Strom versorgt sind. Das sind bei den modernen kleinen Hörgeräten meist Knopfzellen, die etwa die Größe eines Druckknopfs haben. Sie sind beim Hörgeräte-Akustiker erhältlich, der auch genau sagen kann, welche Batterie für welches Hörgerät die richtige ist. Batterien aus dem Baumarkt oder dem Spielzeugwarenhandel sind ungeeignet.
Bei den Batterien für Hörgeräte handelt es sich meist um Zink-Luft-Batterien. Die früher verwendeten Quecksilber-Batterien sind nicht mehr so gebräuchlich, weil sie wegen ihres Schwermetall-Anteils die Umwelt stark belasten.
Solange Ihr Kind noch klein ist, müssen Sie unbedingt ein Auge darauf halten, dass es nicht versehentlich mit den Winzlingen spielt und womöglich eine Batterie verschluckt.

>> Eines Tages im Kindergarten fing Evas Hörgerät an zu piepsen.
Die anderen Kinder waren sofort ganz fasziniert und riefen: „ An Evas Ohr piept ein Handy!“ <<

Auch Zink-Luft-Batterien enthalten giftige Stoffe. Sie sollten in einem solchen Notfall sofort einen Arzt zu Rate ziehen, dem Sie auch sagen können müssen, um was für eine Batterie es sich handelt.

Manche Hersteller werben für Akkus – also wieder aufladbare Batterien. Das ist ein verlockender Gedanke, denn man braucht nicht mehr ständig neue Batterien zu kaufen. Die Akkus werden einfach an einer Station wieder aufgeladen. In der Praxis ist das jedoch nicht ganz so erleichternd, denn die Akkus entladen sich schneller wieder als Batterien und halten – vor allem wenn sie älter werden – keinen ganzen Tag mehr durch. Also sollte tagsüber mindestens einmal der Akku gewechselt werden.

Überprüfen Sie den Zustand der Batterien abends, wenn Ihr Kind ins Bett geht.
Eine Überprüfung am Morgen ist nicht sinnvoll, weil Batterien sich über Nacht wieder etwas regenerieren können. Morgens bei der Kontrolle entsteht dann der Eindruck, sie seien voll funktionsfähig. Das stimmt aber nicht – und Ihr Kind steht dann plötzlich, etwa im Kindergarten oder in der Schule, mit einer ausgepowerten Batterie da.

Wenn Sie mit Ihrem Kind in den Urlaub fahren, sollten Sie genügend Batterien mitnehmen. Das ist einerseits für Sie selbst stressfreier – und andererseits wissen Sie immer, dass Sie die richtigen Batterien dabei haben.
Fahren Sie in sehr heiße, sehr kalte oder tropische Gegenden, fragen Sie ihren Akustiker auch vorher noch, wie die Batterien am besten gelagert werden sollen, damit sie sich halten. In tropischen Gebieten etwa könnten sie oxydieren.

„Hörgeschädigte Kinder haben von Anfang an viel mit Technik zu tun.
Deswegen sollte man versuchen, sie dafür zu begeistern. Es ist doch faszinierend, wie Hörgeräte funktionieren.
Kinder begreifen das und finden es auch so toll, dass sie selbstbewusst damit umgehen.
Wir machen die Erfahrung, je früher die Kleinen ihre Geräte bekommen, umso weniger Probleme haben sie damit.
Für sie können die Hörgeräte gar nicht bunt und auffällig genug sein. Und das ist doch prima."

R. Schönfeld

Das Einlegen der Batterien

Am Anfang werden Sie die Batterien am Hörgerät auswechseln. Später wird Ihr Kind es selbst lernen.
Kinder sind da meist mit ihren kleinen geschickten Händen wesentlich flinker als die Erwachsenen. Denn die Batterien sind ja recht klein und für erwachsene Hände – je nach Fingerfertigkeit – entsprechend knifflig einzusetzen.
Bei älteren Menschen kommt noch hinzu, dass die Finger immer ungelenkiger werden und sie die Batterien oft nicht mehr gut sehen können.

Wie große Batterien haben auch die kleinen einen Plus- und einen Minuspol. Achten Sie beim Einsetzen darauf, dass Sie das mit einem + gekennzeichnete Ende genau dort im Batteriefach einsetzen, wo ebenfalls ein + angegeben ist.

Bei Zink-Luft-Batterien müssen Sie vor dem Einlegen den Aufkleber entfernen.
Erst dadurch kann Luft in die Batterie strömen und die Batterie mit der Stromerzeugung beginnen. Je nach Batterietyp kann es auch einige Minuten dauern, bis die Batterie voll aktiv ist.

Checkliste

Wissen Sie die wichtigsten Dinge über das Hörgerät Ihres Kindes? Wenn Ihr Kind schon älter ist – weiß es selbst das Nötigste?

- Wie man die Funktion des Gerätes und seines Zubehörs kontrolliert und wie man die Geräte reinigt?
- Wie man das Hörgerät richtig aufsetzt?
- Wie man die Otoplastik einsetzt?
- Wo man das Hörgerät ein- und ausschaltet?
- Wie man die Lautstärke regelt?
- Wie man die Batterien überprüft?
- Wie man neue Batterien richtig einlegt?

- Wie man die Otoplastiken reinigt und überprüft?
- Wie man Schläuche und Winkel reinigt und überprüft?
- Wie man die Schläuche wechselt?

Die häufigsten Störfälle bei Hörgeräten

Das Hörgerät pfeift nicht, wenn es sich außerhalb des Ohres – also etwa in Ihrer Hand – befindet

Das sollten Sie prüfen:

- Ist das Hörgerät überhaupt eingeschaltet?
- Befindet sich der Lautstärke-Regler in der richtigen Position, sofern das Gerät über einen solchen verfügt? (Wie bereits gesagt: Sie sollten sich die richtige Stellung des Lautstärke-Reglers auf alle Fälle merken!)
- Ist die Batterie noch in Ordnung?
- Ist die Otoplastik womöglich verstopft?
- Befindet sich der Programmwähler in der T-Stellung?
- Ist das Hörgerät womöglich kaputt?

Das Hörgerät pfeift, wenn es im Ohr Ihres Kindes sitzt. Es kommt zu Rückkopplungen

Das sollten Sie prüfen:

- Hat sich der Lautstärke-Regler verschoben und ist versehentlich zu laut eingestellt?

- Ist das System nicht richtig dicht?
- Ist zuviel Ohrenschmalz im Ohr?
- Sitzt die Otoplastik vielleicht nicht korrekt?
- Ist die Otoplastik zu klein, weil der Gehörgang des Kindes gewachsen ist?
- Ist der Schallschlauch abgerutscht?
- Ist das Hörgerät womöglich kaputt?
- Ist das Mikrofon frei oder wird es von Haaren und/oder Kleidungsstücken verdeckt?
- Ist das Gehäuse des Hörgeräts noch intakt?
- Sind Schlauch und Winkel okay?

Das Hörgerät gibt keinen Ton von sich

Das sollten Sie prüfen:

- Ist die Batterie noch intakt oder haben Sie sie vielleicht falsch herum eingesetzt?
- Ist der Schalter womöglich auf „aus“ gestellt?
- Sehen Sie Korrosions-Stellen an der Batterie?

- Ist die Batterie defekt?
- Funktioniert das Hörgerät, nachdem Sie eine neue Batterie eingesetzt haben?

> *„Sie müssen mit Ihrem Kind über seine besondere Lage sprechen. Es soll im Laufe der Zeit Kompetenz für sich selbst und seine Beeinträchtigung entwickeln.*
> *Ermutigen Sie es, Ihnen alle akustischen Veränderungen mitzuteilen und seien sie noch so klein.*
> *Nehmen Sie ernst, was es Ihnen sagt.“*
> P. Zorowka

- Ist die Otoplastik durch Ohrenschmalz verstopft?
- Ist der Schlauch okay und trocken?
- Ist der Winkel vielleicht feucht?

Ihr Kind kann mit dem Hörgerät nur schlecht hören, oder der Schall kommt verzerrt an

Das sollten Sie prüfen:

- Ist der Lautstärke-Regler zu laut oder zu leise eingestellt?
- Ist die Öffnung des Mikrofons frei zugänglich?
- Ist die Batterie noch in Ordnung?
- Ist die Otoplastik verstopft?
- Ist zuviel Ohrenschmalz im Ohr?
- Sind Schlauch und Winkel trocken?

Aus dem Hörgerät kommen Störgeräusche

Das sollten Sie prüfen:

- Sind an der Batterie Korrosionen zu sehen?
- Sitzt die Batterie fest in ihrer Halterung?
- Ist der Ein-Aus-Schalter in der richtigen Stellung?
- Hat der Lautstärke-Regler die richtige Position?
- Ist die Otoplastik verstopft?
- Sind Schlauch und Winkel trocken?
- Sitzt die Otoplastik richtig?
- Klemmt der Schlauch in gewissen Positionen und muss vielleicht ausgewechselt werden?

Die Telefon-Spule des Hörgerätes funktioniert nicht

Das sollten Sie prüfen:

- Ist der MTO-Schalter in der T-Stellung?
- Schließen Sie das Hörgerät an den Stethoclip an und hören Sie es ab – alles okay?

Das Hörgerät ist beim Herumalbern, Baden oder Schwimmen ins Wasser gefallen oder bei einem Regenguss ordentlich nass geworden

Das sollten Sie tun:

- Schütteln Sie das Wasser ordentlich ab.
- Nehmen Sie die Batterie heraus.
- Versuchen Sie, das Gerät mit einem Haarfön vorsichtig (niedrigste Stufe, möglichst kühl) trocken zu fönen. Beim Akustiker gibt es spezielles Zubehör, das beim Trocknen von Hörgeräten helfen kann.
- Lassen Sie nun das Gerät an einem warmen (nicht heißen) Ort mindestens über Nacht austrocknen.
- Schließen Sie das Hörgerät an den Stethoclip an und testen Sie, ob es noch funktioniert.
- Lassen Sie es gegebenenfalls beim Akustiker testen.

Das Audio-Zubehör funktioniert nicht

Das sollten Sie prüfen:

- Sind alle Kontakte in Ordnung?
- Ist der Audio-Schuh heil?
- Ist das Zubehör intakt?
- Bekommt das Zubehör genügend Strom?
- Wenn die FM-Anlage eine eigene Versorgung hat: Sind Batterie oder Akku noch funktionsfähig?

Hände weg...

... von den Inneneinstellungen der Hörgeräte
... von irgendwelchen Reglern, in deren Handhabung Sie nicht genau eingewiesen wurden
... vom Öffnen des Gehäuses
... von den Programmierbuchsen
... von den Trimmern

All diese Dinge sollten Sie besser Ihrem Pädakustiker überlassen – andernfalls setzen Sie womöglich auch Garantie und Reparatur-Anspruch aufs Spiel.

Schlüsselentscheidungen zu Schlüsselzeiten

Damit kleine Kinder wirklich bestmöglich mit Hörgeräten versorgt werden können und immer das Richtige zur richtigen Zeit getan und entschieden werden kann, müssen die Hörprobleme so früh wie möglich erkannt werden.

So sieht ein optimaler Aktionsplan aus

Alter:	Das sollte passieren:
0 - 2 Monate	• Frühuntersuchung (Neugeborenen-Screening) • Erkennen des Hörproblems • Erste Kontaktaufnahme zu Fachleuten
½ Jahr	• Spätester Zeitpunkt für Babys erste Versorgung mit Hörgeräten • Überwachung des Anpasserfolges
1 ½ Jahre	• Bei vollständiger Taubheit (z.B. bei fehlendem Innenohr) oder extremen Hörverlusten, die durch Hörgeräte nicht ausgeglichen werden können, sollte jetzt ein Cochlea-Implantat eingesetzt werden • Dann das Hörtraining beginnen • Psychologische und pädagogische Beratung der Eltern
Einschulung	• Spätestens jetzt sollte klar sein, ob das Kind in eine Regelschule gehen kann oder aufgrund seiner Hörbehinderung in einem besonderen Schultyp besser aufgehoben ist.

Kapitel 4: Das Wichtigste in Kürze

- Wenn Ihr Kind Hörprobleme hat, können Sie als Eltern eine Menge tun, um ihm das Verstehen zu erleichtern – zum Beispiel: In seine Richtung sprechen und Ihr Kind dabei anschauen, laut und deutlich sprechen, langsam sprechen, Pausen machen, mit Betonung sprechen, Ihr Kind dabei anfassen und es beruhigen.
- Über Ihre aktive Zuwendung hinaus braucht Ihr Kind eine optimale Hörgeräte-Versorgung. Nutzen Sie alle technischen Möglichkeiten, die es heute gibt. In diesem Kapitel sind alle modernen Hörsysteme detailliert beschrieben.
- Für Kinder-Hörgeräte gelten besondere Anforderungen: Sie müssen flexibel einstellbar bzw. programmierbar sein, damit sie sich dem Wachstum des Kindes und möglichen Veränderungen des Hörvermögens anpassen lassen.

Denn gerade in den ersten vier Lebensjahren verändern sich die Gehörgangs-Resonanzen und die Größe des Restvolumens sehr stark.

- Es gibt heute Anpass-Software, die solche altersabhängigen Einflussgrößen stets mit einbezieht.
- Es gibt spezielles Kinderzubehör, das Ihrem Kind das Tragen des Hörgerätes erleichtert.
- Um Ihr Kind zum Tragen des Hörgerätes zu motivieren, können Sie ihm eine Auswahl farbenfroher und kindgerechter Designs anbieten.
- Damit das Hörgerät immer perfekt funktioniert, muss es sorgfältig gepflegt werden. Beachten Sie die Pflege-Tipps und die Störfall-Hinweise.

„Wie Kind, Eltern und Therapeuten miteinander auskommen, hängt von den einzelnen Charakteren ab. Natürlich muss vor allem auch „die Chemie" stimmen.
Darüber hinaus sollten einige Voraussetzungen erfüllt sein, damit die Therapie erfolgreich sein kann, zum Beispiel:

- *Die Therapeuten müssen den Eltern sagen, welches Ziel sie ansteuern und welches Ziel überhaupt erreichbar ist, sie sollten gemeinsam die verwendeten Techniken und Strategien besprechen.*
- *Die Therapeuten müssen mit den Eltern zusammenarbeiten, sie müssen sie in ihre Planungen miteinbeziehen und sie ermutigen, einerseits die Situation anzunehmen, wie sie ist, und andererseits an der Therapie aktiv mitzuarbeiten.*
- *Eltern und Therapeuten müssen sich regelmäßig zu einem Erfahrungsaustausch treffen. Termin, Raum und Zeit sollten feststehen, also nicht jedes Mal zur Disposition stehen. Die Eltern berichten, was sie im Alltag beobachtet haben, welche Veränderungen und Beeinträchtigungen es gibt. Gemeinsam wird überlegt: Sind die vereinbarten Zwischenziele erreicht? Wie entwickelt sich das Kind? Ist es überfordert? Fühlt es sich wohl? So wird die Therapie und die Kommunikation zwischen Eltern und Kind so abgesichert, dass Störungen weitestgehend vermieden werden.*
- *Auch die Eltern selbst müssen ein offenes Ohr für ihre Probleme in Bezug auf die Hörstörung und den gemeinsamen Alltag finden. Therapeut oder Therapeutin sollten hier der erste Ansprechpartner sein. Sie sollten den Eltern gegebenenfalls zur professionellen Hilfe raten, wenn diese Probleme damit haben, die Behinderung ihres Kindes angemessen zu verarbeiten."*

Prof. Christiane Kiese-Himmel

5 So erleichtern Sie Ihrem Kind das Leben

In diesem Kapitel erfahren Sie, ...

- wie Sie Ihrem hörgeschädigten Kind das Hören erleichtern können
- wie Sie sein Selbstbewusstsein stärken können
- was Sie tun können, wenn Ihr Kind sein Hörgerät nicht tragen will
- welcher Kindergarten und welche Schule für Ihr Kind am besten sind
- welche Lernspiele Sie mit Ihrem Kind spielen können

Unterstützen Sie die Neugierde Ihres Kindes auf die Welt

Ist Ihr Kind nun gut mit Hörgeräten versorgt, dann ist der erste Stress vorbei, und Sie können sich wieder dem mehr oder weniger normalen Alltag zuwenden.
Wahrscheinlich wird sich Ihr Kind in vielen Dingen der Entwicklung von anderen unterscheiden – schon allein durch die notwendige und sinnvolle Frühförderung. Doch was sagt der Begriff „normal" schon aus? Ist es normal, dass es im Winter schneit und im Sommer die Sonne scheint? Das Wetter der vergangenen Jahre lässt daran Zweifel aufkommen. Die Bandbreite dessen, was für einen Menschen oder eine Familie normal ist, ist nicht festzumachen. Deshalb belasten Sie sich nicht mit unnötigen Gedanken und Beschränkungen.
Normal – das ist Ihre Familie. Ihr Kind ist eine Persönlichkeit und bringt eine Menge Eigenschaften, Fähigkeiten und Vorlieben mit, die Sie respektieren und fördern sollten.

Ganz selbstverständlich möchte Ihr Kind auch seine Sinne und seine Umwelt erforschen.
Leiten Sie es an, alles altersgemäß zu erkunden und seiner Neugierde auf die Welt zu folgen. Es gibt so gesehen keine Einschränkungen wegen der Hörbehinderung. Sprechen, spielen und beschäftigen Sie sich viel mit Ihrem Kind.
Sprechen Sie mit Ihrem hörgeschädigten Kind nicht in der Babysprache. Vertrauen Sie auf das innere Band zwischen Ihnen und Ihrem Kind. Auch Ihr hörgeschädigtes Kind weiß, was Sie meinen – also das, was zwischen den Worten schwingt. Selbst wenn es Ihre Worte (noch) nicht versteht. Liebe braucht keine Worte, um

sich mitzuteilen. Ihr Kind glaubt an Sie und an alles, was Sie ihm sagen.

Wichtig ist es, so früh wie möglich miteinander zu kommunizieren. Denn Ihr Kind hat ja Interesse an allem, was Sie ihm zeigen oder tun. Es gibt so viel zu entdecken und eben auch zu hören. Es beobachtet Sie und ahmt Sie nach. Es schaut Ihnen auf den Mund und macht Lippenbewegungen nach.
Aufgrund der Versorgung mit Hörgeräten wird es auch Laute üben. Es gelangt allmählich vom Zuschauen, Nachahmen, Hören, Hinhören zur Unterscheidung von Lauten und wird aufmerksam für alles, was sich akustisch abspielt.
Helfen Sie ihm beim Lauschen, indem Sie auf Geräusche aufmerksam machen, damit es sie unterscheiden lernen und Verbindungen zwischen zwei Gegenständen, Verhaltensweisen oder Ereignissen herstellen kann.

Wenn Ihr Kind sich (noch) nicht richtig artikulieren kann, interpretieren oder raten Sie, was es meint, und fassen sie das in Worte. Sagen Sie ihm, was Sie verstanden haben. Das ist für Ihr Kind ganz besonders wichtig.
Denn es erfährt so, dass Sie alle Laute wahr- und ernstnehmen, die es von sich gibt. Das reizt es, noch mehr Laute zu bilden. Achten Sie dabei darauf, dass es möglichst wenig Störgeräusche gibt. Und werden Sie nicht ungeduldig, wenn Ihr Kind längere Zeit braucht, um einzelne Entwicklungsstufen zu durchlaufen. Das ist völlig in Ordnung.

Sie werden auch merken, dass Ihr Kind Ihnen Ihre Freude an der Kommunikation mit ihm sofort zurückgibt. Je mehr Spaß Sie an Ihrem Kind haben, desto mehr Spaß hat es an Ihnen.

Kinder brauchen Optimismus: Ein Lernprogramm

Was macht Menschen aus, die gestärkt aus den Nackenschlägen des Lebens hervorgehen, die Krisen nicht nur bewältigen, sondern auch immer etwas Positives daraus mitbringen? Wie können wir bei Kindern diese Stärke fördern, damit sie zu einem verlässlichen Puffer für Sorgen und Probleme werden kann?

Amerikanische Psychologen haben sich darüber Gedanken gemacht und ein Programm entwickelt. Denn sie hatten beobachtet, dass nicht alle Kinder, die unter extrem belastenden Umständen aufwachsen, in ihrer Entwicklung behindert sind oder später als Erwachsene zu auffälligen Verhaltensweisen neigen. Einige von ihnen erwiesen sich als besonders stark und belastbar. Wie sich bei den Nachforschungen herausstellte, hatten sie in ihrer Kindheit einige wichtige Trümpfe in der Hand gehabt:

- Zu einer erwachsenen Person hatten sie eine ganz stabile gefühlsmäßige Beziehung. Wenn es nicht ein Elternteil war, dann war es Oma oder Opa, Tante oder Onkel, eine Nachbarin, eine Kindergärtnerin oder eine Lehrkraft

- Sie hatten einen Menschen, der ihnen zeigte und vorlebte, wie man Probleme konstruktiv lösen kann, und ihnen als soziales Vorbild diente

- Sie mussten früh bestimmte Dinge bewältigen, die andere Kinder in ihrem Alter nicht leisten müssen

Diese schützende Ausstattung eines Kindes kann man gezielt unterstützen. Denn Eltern bringen ihren Kindern schon früh bestimmte Denk- und Verarbeitungsstile bei.
Sie können negativ oder positiv besetzt sein: Sicher kennen Sie das berühmte Beispiel mit dem halb gefüllten Glas.
Die Pessimisten sagen: „*Mein Glas ist schon halbleer*".
Die Optimisten hingegen sind überzeugt: „*Mein Glas ist noch halbvoll*".

So können Sie Ihrem Kind ausgesprochen oder unausgesprochen vermitteln: „*Ganz schön schlimm, deine Hörbehinderung. So etwas passiert immer in unserer Familie*" Oder: „*Kein Wunder, du hattest schon Pech, seit du mit Kaiserschnitt auf die Welt geholt werden musstest*".
Es könnte aber auch andersherum sein: „*Eine Hörbehinderung? Kein Problem, den Stier werden wir bei den Hörnern packen.*" Oder: „*Das wär' doch gelacht, Es wäre das erste Mal, dass wir gemeinsam etwas nicht packen.*"

„Finden Sie heraus, was Ihr Kind besonders gut kann! Wo liegen seine Begabungen und seine Neigungen? Fördern Sie auch diese Seiten Ihres Kindes. Feiern Sie mit ihm auch kleine Erfolge. Selbst wenn es noch ganz klein ist, sieht es Ihre strahlenden Augen, spürt Ihre Freude und merkt Ihr lautsprachliches Lob."

A. Hildmann

Diese Art zu denken lässt sich gezielt beeinflussen. Schlechte Gefühle kann man beeinflussen.
Sie können Ihrem Kind (und Ihren anderen Kindern selbstverständlich auch) einen Denk- und Bewertungsstil beibringen, der es vor selbstschädigendem Negativismus schützt und seine Widerstandsfähigkeit gegen die Widrigkeiten des Lebens erhöht.

Sprechen Sie mit Ihrem Kind über seine Gefühle und versuchen Sie ihm nahezubringen, dass Gefühle nicht einfach irgendwo entstehen und man ihnen machtlos ausgeliefert ist. Man kann Gefühle steuern. Eine mögliche Szene aus Kindergarten oder Schule: Zwei Kinder tuscheln hinter vorgehaltenen Händen miteinander und kichern dabei. Das negativ gestimmte Kind denkt nun: „*Die machen sich bestimmt über mein Hörgerät lustig. Die lachen über mich.*"
Das positiv orientierte Kind denkt: „*Die lachen über was Lustiges. Vielleicht erzählen sie es ja nachher, damit wir anderen mitlachen können*".

>> Seit Laura im Kindergarten ist, haben sich ihr Wortschatz und ihre Aussprache ernorm verbessert.
Es ist kein Problem, wenn die anderen Kinder mal nicht sofort verstehen, was Laura sagen will. Die „Regelkinder" haben begriffen, dass jeder Mensch Schwächen und Stärken hat. Lauras „Nicht gut hören können" und ihr daraus resultierendes „Nicht gut sprechen können" kennen die Kinder inzwischen und gehen ganz selbstverständlich damit um. <<

Wenn Ihr Kind das Prinzip „*Nicht andere Menschen, sondern ich habe Einfluss darauf, wie ich mich fühle*" beherzigt, kann es sich selbst stärken. Wichtig ist, dass Sie als Eltern darauf achten, dass Sie und Ihr Kind negative Ereignisse nicht falsch bewerten:

- Es kann immer auch andere Gründe geben, die weder in Ihrem Kind, noch in der jeweiligen Situation begründet sind (so könnten die Eltern der Freundin Streit miteinander haben und der Tochter das Spielen mit anderen Kindern verboten haben)

- Sie sollten als zeitlich begrenzt wahrgenommen werden:

Heute ist das so, morgen ist es schon wieder anders. („*Heute wollte deine Freundin nicht mit dir spielen, aber ganz bestimmt tut sie es bald wieder*“)

- Negative Ereignisse sollten als Einzelfall bewertet werden („*Heute wollte Susi nicht mit mir spielen, deswegen bin ich aber noch lange nicht jemand, mit dem keiner spielen will*“)

- Bei Misserfolgen sollte ein Kind nicht nur sich selbst verantwortlich machen, sondern auch äußere Umstände ins Kalkül ziehen

Seelisch widerstandsfähige Menschen zeichnen sich am Ende durch diese Eigenschaften aus, die auch Ihnen als Erwachsenen jetzt gute Dienste leisten könnten:

- **Sie akzeptieren Krisen und die damit verbundenen Gefühle**: Wenn ihnen Schlimmes passiert, laufen sie nicht weg aus dieser Situation. Sie leugnen sie nicht, aber sie suchen sich erst mal einen Ort, an dem sie sich wohlfühlen, wo sie ihrer Wut, ihrer Angst, ihren Tränen freien Lauf lassen können. Erst dann kommt die Zeit, in der sie wissen, was zu tun ist und wie sie reagieren wollen.

- **Sie suchen nach guten Lösungen**: Sie sagen sich nicht ständig „*Warum ich? Damit werd‘ ich nie fertig*“, sondern: „*Da ist mir etwas Schlimmes passiert, das setzt mir ordentlich zu. Ich habe eine schwierige und schmerzhafte Zeit vor mir. Aber ungeschehen machen kann ich es nicht. Was kann ich tun, um das Problem zu lösen?*“ Wir können uns nicht vor schlimmen Ereignissen bewahren, aber wir können durchaus entscheiden, welche Folgen sie für uns haben.

- **Sie suchen Unterstützung für die Lösung ihrer Probleme**: Sie versuchen nicht ihre Schwierigkeiten vor anderen zu verbergen. Sie gehen offensiv damit um und bitten andere um Hilfe. In den meisten Fällen ist das die Familie oder der Freundeskreis – auf alle Fälle Menschen, die Mut machen und an die Stärken appellieren und die keine Sprücheklopfer sind.

- **Sie fühlen sich nicht als Opfer**: Schlimme Sachen passieren allen Menschen. So ist einfach das Leben. Nach einer Weile des Verzagens sieht man oft sogar die positiven Seiten der Entwicklung.

- **Sie verlieren ihren Humor und Optimismus nicht**: Sie verleugnen ihre Probleme nicht, aber sind fest davon überzeugt, dass es bald wieder bergauf geht.
Negative Ereignisse sind für sie kein Abo, sondern eine befristete Angelegenheit. Schon gar nicht denken sie: „*Einmal daneben – immer daneben*“, sondern: „*Neue Chance – neues Glück*“.

- **Sie geben sich nicht selbst Schuld an den Ereignissen**: Am Anfang einer Krise plagen sich wohl alle Menschen mit Selbstvorwürfen: „*Hätte ich nur ...*“.
Doch sie beenden die Phase recht schnell und schätzen ihren eigenen Anteil am Geschehen realistisch ein – und damit auch seine Zwangsläufigkeit.
Es gibt Dinge im Leben, auf die wir keinen Einfluss haben.

- **Sie beschäftigen sich schon vorher immer mal wieder mit möglichen Ereignissen und Wendepunkten im Leben**: „*Was würde/werde ich machen, wenn....?*“ Sie bereiten sich gedanklich auf manche Probleme vor und sind dann schon ein wenig präpariert, wenn wirklich etwas passieren sollte.

Das sind für Groß und Klein die besten Voraussetzungen, um mit den Höhen und Tiefen des ganz normalen Lebens fertig zu werden und daraus für die persönliche Reife noch Kapital zu schlagen.
Wenn Sie es schaffen, Ihrem Kind (und sich selbst) von dieser Haltung etwas mit auf den Weg zu geben, dann wird es das Leben mit seinen „Ups and Downs“ in vielerlei Hinsicht leichter nehmen können.

Kinder sind grausam: Wappnen Sie Ihr Kind gegen Hohn und Spott

Es gibt viele Möglichkeiten, wie Sie Ihrem Kind generell den Rücken stärken können.
Auf bestimmte Gehässigkeiten unter Kindern sollten Sie es darüber hinaus aber gezielt vorbereiten. Kinder sind grausam, sagt man immer. Sie können mitunter von einer grenzenlosen Schonungslosigkeit sein. Sie können die Tragweite dessen, was sie anderen sagen, noch nicht einschätzen. Auch Mitgefühl und Sozialempfinden müssen sie erst lernen.
Außerdem kolportieren sie in einem gewissen Alter oft auch das, was sie bei anderen – meist Erwachsenen – aufschnappen, und plappern es dann einfach weiter. Wie weh das tun kann, wissen sie noch nicht.

Darüber hinaus vergessen wir Erwachsenen ja auch oft, dass Kinder keine kleinen Engel sind und durchaus auch ihre Kämpfe untereinander ausfechten. Dazu werden vermeintliche Stärken und Schwächen gnadenlos „vermarktet". Und da kann eben auch das Hörgerät zur Sprache kommen – etwa so: *„Mit deinem blöden Gerät am Ohr siehst du echt voll Sch ... aus."*
Dabei offenbart sich natürlich auch, wes Geistes Kind das andere Kind ist – wie pfleglich und respektvoll nämlich der Umgangston innerhalb der Familie ist.

Da sich Ihr Kind ja nun nicht immer aussuchen kann, mit wem es zu tun hat, und das auch gar nicht sinnvoll, weil unrealistisch ist, kann es also durchaus vorkommen, dass es wegen seiner Hörgeräte oder seiner spezifischen Hörprobleme gehänselt wird.

Bereiten Sie es auf solche Situationen vor und spielen sie mit ihm Möglichkeiten durch, wie es souverän darauf reagieren kann.
Zum Beispiel könnte es sagen: „*Weißt du, was an meinem Hörgerät so toll ist!? Ich kann es herausnehmen oder leiser stellen, damit ich nicht höre, was du sagst.*" Oder: „*Jedenfalls verwechselt mich mit meinem Hörgerät niemand mit irgendjemand anderem. Ich bin nämlich etwas Besonderes.*" Oder: „*Du hörst wohl selbst nicht, was du sagst, sonst würdest du nicht so einen Quatsch erzählen.*"

Ermutigen Sie Ihr Kind, sich zur Wehr zu setzen, ohne in der gleichen Weise um sich zu schlagen. Negatives mit Lustigem und Humorvollem zu vergelten – das ist eine unschlagbare Waffe.
Das Wichtigste: Dadurch werden negative Gefühle in einem selbst abgebaut und vielleicht sogar ins Positive verkehrt oder in Lachen umgewandelt. Wenn das gelingt, ist Ihr Kind stark und mächtig. Es hat ja auch gar keinen Grund, schwach zu sein.

>> Lucas hat im Kindergarten einen sehr guten Kontakt zu allen Kindern bekommen – ob behindert oder nicht. Sein Hörgerät ist kein Thema. Er hat schnell kapiert, wie viel Spaß man in der Gruppe haben kann. Wir sind froh, dass er nicht als Außenseiter behandelt wird. <<

Wenn Sie in der Familie selbstbewusst und selbstverständlich mit den Hörgeräten umgehen, wird sich das auch in einer solchen Situation positiv bemerkbar machen.
Sagen Sie Ihrem Kind, dass dumme Bemerkungen eigentlich immer mehr über den aussagen, der sie sagt, als über denjenigen, über den sie gemacht werden.

Wer nämlich auf den vermeintlichen Schwächen von anderen herumhacken muss, weiß nichts Besseres. Der „hat es selbst nötig", sagt man ja immer. Dabei ist nicht wirklich das Hörgerät oder das Hörproblem gemeint.
Hätte Ihr Kind (oder ein anderes) grüne Haare, blaue Punkte auf der Haut, einen Elefantenrüssel oder wüchsen ihm Blumen aus den Ohren, würde es eben deswegen gehänselt. Einfach, weil es etwas hat, was andere nicht haben.

Die meisten Menschen empfinden alles, was ihrer Meinung nach aus dem Rahmen fällt, als nicht „normal" und versuchen deshalb, es schlecht zu machen. Die sogenannten „Normalen" fühlen sich stark, weil sie nicht allein dastehen. Aus der Gruppe heraus ist es ja auch viel einfacher, gegen den Einzelnen, der etwas Besonderes hat, anzugehen. Das sollte Ihr Kind wissen, damit es so etwas nicht persönlich nimmt.

Um solchen Situationen von vornherein zu begegnen, können Sie mit den Betreuern sprechen – mit der Kindergärtnerin, bevor Ihr Kind in den Kindergarten kommt, oder mit den Lehrern, bevor es in die Schule kommt.
Machen Sie sie auf die Besonderheiten des Lebens mit einer Hörbehinderung aufmerksam, erklären Sie die Funktionen des Hörgerätes, die Erleichterungen und so weiter.
Vielleicht können Sie gemeinsam eine kleine Einführung für die anderen Kinder veranstalten. Denn wer gut informiert ist, macht ja weniger Probleme.

Im Gegenteil: Wenn man es richtig erklärt, ist so ein Hörgerät ja eine echt spannende Sache – dass nämlich ein so kleines Ding so tolle Sachen bewirken kann, darüber können auch die gut hörenden Kinder staunen. Womöglich ist auch Ihr Pädakustiker bereit, Ihnen mit einigen Demonstrationen zur Seite zu stehen.

Allerdings ist es aber auch nicht sinnvoll, wenn Sie wegen jeder Kleinigkeit zur Kindergärtnerin oder zur Lehrkraft laufen. Denn damit verpassen Sie Ihrem Kind möglicherweise ein echtes Stigma (Muttersöhnchen, Weichei, Heulsuse, Petze oder dergleichen). Ihr Kind hat zwar ein Hörproblem, ihm wird aber durch Hörgeräte gut geholfen. Doch es hat kein soziales Problem, es ist kein sozialer Außenseiter, der ständig protegiert und „gepampert" werden muss. Es muss einfach gewisse Revierkämpfe für sich allein ausfechten. Das gehört schließlich zum „echten" Leben dazu.

„Bereiten Sie Ihr Kind gut auf den Regelkindergarten vor. Suchen Sie am besten einen aus, in dem es feste Gruppen gibt.
Das ist generell für Kinder besser – für hörgeschädigte jedoch besonders. Erzieherinnen und Pädagogen müssen vorher Bescheid wissen und die wichtigsten Regeln im Umgang mit einem hörgeschädigten Kind kennen und auch umsetzen. Am besten ist es, wenn alle an einem Strang ziehen.
Ein Beispiel aus der Schule: Es ist ungünstig, wenn das Kind vorne sitzt und der Lehrer hinten sein Diktat macht. Das muss vorher klar sein, denn Kinder können oft nicht verbalisieren, was eigentlich schief läuft."

A. Bohnert

Wenn Ihr Kind seine Hörgeräte nicht tragen will

Natürlich kommt es auch immer mal wieder vor, dass ein Kind seine Hörgeräte nicht tragen möchte. Reagieren Sie gelassen, wenn es eine Zeit lang das hilfreiche Gerät verweigert.

Nehmen Sie es aber immer ernst mit seiner Verweigerung, gehen Sie nicht darüber hinweg, machen Sie sich nicht lustig, sagen Sie nicht: „*Das wird schon wieder.*" Und drohen Sie Ihrem Kind nicht. Versuchen Sie lieber, die Ursache heraus zubekommen. Irgendwas steckt nämlich immer dahinter.

>> Wir sind mit Leib und Seele die Co-Therapeuten unseres Sohnes geworden. Das schaffen wir aber nur, weil uns unsere Therapeutin und unsere Frühförderin so toll unterstützen. <<

Stellen Sie sich vor, Sie seien in der Situation Ihres Kindes und müssten von nun an diese „Stöpsel" in den Ohren tragen. Sie können es mal einen Tag lang mit Ohropax in den Ohren probieren. Sie werden merken, dass es doch ein gewisses Fremdkörpergefühl ist. Daran wird sich das Kind zwar schnell gewöhnen, doch bei manch einem dauert es länger als beim anderen.

Vielleicht sitzen die Otoplastiken aber auch nicht richtig und scheuern im Ohr? Dann sollten Sie Ihren Pädakustiker um Rat fragen.

Wenn das nicht der Fall ist und Ihr Kind die „Dinger" einfach nicht im Ohr haben mag, erarbeiten Sie gemeinsam mit ihm – sofern es groß genug ist – einen Stufenplan, wie es sich daran gewöhnen kann. Brechen Sie auf alle Fälle nichts übers Knie.

Ihr Kind soll seine Hörgeräte ja nicht als etwas Bedrohliches kennenlernen. Es soll sie nicht nur auf Dauer akzeptieren, sondern sie schätzen und auf ihre unerlässlichen Dienste bauen lernen.

Hinzu kommt das akustische Erlebnis. Das Kind hört Geräusche, die es vielleicht noch nicht kennt, die ihm völlig neu sind oder sich anders anhören als früher, es muss genauer hinhören, weil es mehr hört, es muss verstehen lernen, was es hört, es muss Gehörtes und Sprache miteinander in Einklang bringen. Das ist sehr aufregend, aber auch sehr anstrengend für ein kleines Kind.
Vielleicht braucht es einfach seine Ruhepausen und seine gewohnte Abgeschiedenheit zum Entspannen (zum Beispiel, wenn es alleine spielt).
Möglicherweise sind die Hörgeräte aber auch nicht richtig eingestellt und einige Geräusche werden als zu laut empfunden. Dann nimmt es womöglich von selbst seine Hörgeräte ab – etwa wenn es sich in einer großen Menschenmenge befindet oder viele Menschen gleichzeitig reden.

Wie oft muss Ihr Kind seine Hörgeräte überhaupt tragen?

Die meisten brauchen sie den ganzen Tag, aber manche tragen sie beispielsweise nur in der Schule, manche richten sich auch nach anderen Bedürfnissen.

„Vergessen Sie bitte eines nicht: Kind bleibt Kind. Ihr Kind muss noch genügend Raum für sich selbst finden. All die Maßnahmen, die ergriffen werden müssen, um die Hörschädigung auszugleichen, müssen seinem Alter angemessen sein und dürfen es nicht überfordern. Halten Sie immer ein Auge darauf, was Ihr Kind aushalten kann, ohne dass Sie es deshalb in Watte packen. Es soll auch zweckfrei spielen und herumtoben können."

R. Schönfeld

Das Alter Ihres Kindes und die Schwere des Hörverlusts geben die verlässlichsten Anhaltspunkte dafür, wann das Hörgerät getragen werden sollte. Das besprechen Sie am besten mit dem Pädakustiker.
Sie sollten sich aber niemals über die gefühlsmäßigen Bedürfnisse Ihres Kindes hinwegsetzen.

Wenn die Unlust oder Verweigerung daran liegt, dass es sich schämt, sich unwohl oder unsicher fühlt, dann braucht es vor allem seelische Unterstützung.
Geben Sie dem Hörgerät zum Beispiel immer einen Namen und verstecken Sie es nicht. Sie können mit Ihrem Kind die schönsten Namen erfinden – von A wie Amanda über H wie Höri, K wie Knödel, L wie Luchs, M wie Maus bis Z wie Zebra. Vielleicht mag Ihr Kind seinen Hörgeräten dann auch feierlich einen Namen verleihen. Sie könnten dazu Familienmitglieder und Freunde einladen und einen Festkuchen in Hörgeräteform backen, Simon-Luchsohr-Einladungskarten verteilen, das Kinderzimmer festlich mit Hörgeräte-Ketten schmücken und so weiter.

Weitere lustige Anregungen finden Sie in den Kinderbüchern von Simon Luchsohr. Es gibt ja wenige Dinge, die sich nicht mit einer kleinen Feier krönen ließen. Und finden Sie nicht auch, dass (wieder) hören können eine wunderbare Sache ist, die man gar nicht genug preisen kann?

> *„Wir machen mit Worten und Fingerzeigen*
> *uns allmählich die Welt zu eigen.“*
>
> Rainer Maria Rilke

Lassen Sie sich von Fachleuten gezielt helfen

>> Ich hatte mal wieder eine erste Klasse mit lauter unruhigen Schülern bekommen. Lernen war für die meisten noch Nebensache. Nur einer war ganz anders:
Der schwerhörige Marco. Dank seiner vielen Frühfördermaßnahmen brachte er eine Arbeitshaltung mit, die man sich als Lehrerin nur wünschen kann. <<

Um dem Kind optimale Entwicklungschancen zu geben, wird nach der Hörgeräteanpassung meist eine professionelle Frühförderung empfohlen. Dabei steht die Förderung der Sprachfähigkeit im Mittelpunkt.
Das übernehmen meist Schwerhörigen- und Gehörlosenpädagogen. Auch Psychologen, Sozialpädagogen und andere Fachleute können zu Rate gezogen werden.

„Die Eltern sollten sich natürlich schon fortbilden, was die Erkrankung ihres Kindes angeht. Das macht sie sicherer im Umgang mit den Menschen, die sich um ihr Kind kümmern.
Da das Kind ja mit verschiedenen Therapeuten arbeiten muss, wäre es ideal, wenn alle sich kennen und miteinander in Kontakt stehen würden. Leider ist das nicht immer umsetzbar.
Achten Sie deshalb darauf, dass sich ein roter Faden durch alle Therapiemaßnahmen zieht. Sind sie logisch aufeinander abgestimmt oder aufgebaut? Sind es zu viele Maßnahmen oder zu wenig? Das gemeinsame Therapieziel muss klar sein"

R. Schönfeld

Frühförderung

Die Frühförderung sieht von Altersgruppe zu Altersgruppe logischerweise unterschiedlich aus. In Deutschland, Österreich und der Schweiz hat jedes schwerhörige Kind bis zur Einschulung Anspruch auf eine sonderpädagogische Förderung durch die Lehrkräfte der zuständigen Schule für Gehörlose und Schwerhörige. Kinder bis zum dritten Lebensjahr erhalten die Frühförderung normalerweise zu Hause oder bei einer pädaudiologischen Beratungsstelle.
Die Pädagogen helfen nicht nur dem Kind, sondern auch den Eltern im Umgang mit der Hörbehinderung und in der häuslichen Förderung des Kindes. Es geht in diesem Alter vor allem darum, das Kind vom Hören zum Sprechen zu bringen. Danach will man ihm dabei helfen, einen Sprachschatz zu erwerben, der ihm den Umgang mit anderen Menschen leichter macht.

Sollte in Ihrer Nähe keine geeignete Einrichtung für die Frühförderung zu finden sein, können Sie unter Umständen eine sprachliche Förderung von einem Sprachheilpädagogen bekommen. Zusätzlich kann es bei einigen Kindern wichtig sein, dass sie und ihre Familie als weitere Kommunikationsmöglichkeit die Gebärdensprache erlernen.

Kindergarten

Wenn Ihr Kind das Kindergartenalter erreicht hat, freut es sich in aller Regel auf den Kontakt und das Spielen mit anderen Kindern. Auch die Gruppenerfahrung ist wichtig für Ihr Kind.
Sie haben nun die Möglichkeit, zu entscheiden, ob Ihr Kind in einen Kindergarten für hörgeschädigte Kinder – sofern in Ihrer Nähe vorhanden – einen integrierten oder einen Regelkindergarten gehen soll. Entscheidend ist sicher die Art und die Schwere der Hörbehinderung.

Im Kindergarten für hörgeschädigte Kinder trifft Ihr Kind auf andere Kinder mit Hörbehinderungen. Das kann eine wichtige Erfahrung sein, wenn es merkt, dass es mit seinen Problemen nicht allein ist. Außerdem wird es hier gezielt von guten Fachleuten gefördert. Allerdings besteht auch die Gefahr, dass die hörgeschädigten Kinder unter sich in einer Art Getto bleiben.

„Das Kind sollte so viel wie möglich mit anderen Kindern zusammenspielen. Es sollte nicht nur mit anderen Betroffenen zusammen sein. Und es sollte seine Rückzugsmöglichkeiten zur Erholung haben."
A.-K. Strototte

Aus dieser Überlegung heraus ist der integrierte Kindergarten entstanden. Hier sind hörbehinderte und gut hörende Kinder zusammen. Denn hörgeschädigte Menschen müssen ja auch zeit ihres Lebens mit normal Hörenden auskommen und sich mit ihnen verständigen können. Diese Form des Miteinanders erfordert viel Fingerspitzengefühl und Kompetenz der Betreuer.
Die hörgeschädigten Kinder können darüber hinaus gezielt durch andere Fachleute gefördert werden.

Wenn die Hörbehinderung und die Persönlichkeit Ihres Kindes es zulassen, kann es auch in einen Regelkindergarten in Ihrer Umgebung gehen. Allerdings wird Ihr Kind hier sicher das einzige Kind mit einer solchen Behinderung sein.
Deswegen muss Ihr Kontakt zu den Betreuern um so enger sein, denn sie kennen sich wahrscheinlich überhaupt nicht mit einem hörbehinderten Kind aus. Teilen Sie den Kindergärtnerinnen auf alle Fälle mit, was sie beim Sprechen mit Ihrem Kind beachten müssen.
Vielleicht können Sie Ihnen ja auch dieses Buch einmal ausleihen. Bestimmt mag Ihr Kind auch das Simon Luchsohr-Büchlein einmal mitbringen und zeigen. Daneben sollte die Frühförderung weiter fortgesetzt werden.

„Vergleichen Sie Ihr Kind niemals mit anderen. Ihr Kind ist eine eigene kleine Persönlichkeit mit völlig anderen Voraussetzungen als alle anderen Kinder. Es kann sich schneller und langsamer entwickeln, manche Dinge schneller oder langsamer lernen, ohne dass dies etwas zu bedeuten hätte. Vergleichen Sie Ihr Kind immer nur mit ihm selbst. “

P. Zorowka

Ihr Kind muss auf alle Fälle reif und seelisch stabil sein, denn es hat im Regelkindergarten eine Menge zusätzlicher Anforderungen zu bewältigen, die auch mit Enttäuschungen verbunden sein können.
Ob Ihr Kind das problemlos verkraftet, besprechen Sie am besten vorher mit Ihren beratenden Fachleuten. Denn es wäre auf jeden Fall schlimmer, wenn Sie Ihr Kind wieder aus dem Kindergarten nehmen müssten, weil sein Hörvermögen und seine Sprachfähigkeit nicht ausreichen.

Welche Schule für unser Kind?

Durch die zunehmend bessere Versorgung mit Hörgeräten besuchen immer mehr Kinder mit Hörproblemen die Regelschule.
Sie erzielen hier oft genauso gute Ergebnisse wie gut hörende Kinder.
Neben dem normalen Schulunterricht erhalten sie weiterhin eine Betreuung durch die zuständige Schule für Schwerhörige und/oder Gehörlose.

Mit der Wahl der Schule sollten Sie sich ebenfalls rechtzeitig auseinandersetzen. Dazu sollten Sie sich bei allen Leuten schlau machen, die Ihr Kind betreuen – dem Arzt, dem Pädakustiker, den Frühförderungslehrern, Angehörigen der pädaudiologischen Beratungsstelle und den Kindergärtnerinnen.
Bedenken Sie dabei bitte, dass Ihre eigenen Wünsche und Sehnsüchte dabei nicht die ausschlaggebende Rolle spielen dürfen.
Was für Ihr Kind das Beste ist und was es bewältigen kann, muss im Mittelpunkt stehen.

>> Annas Klassenkameraden gehen mit ihrem Hörproblem ganz unbefangen um. Meist nehmen sie Annas Schwerhörigkeit schon gar nicht mehr wahr. Sie ist für alle eine beliebte Partnerin beim Arbeiten und beim Spielen. Ich finde, es war in jeder Hinsicht richtig, Anna auf eine Regelschule zu schicken. <<

Schule für hörgeschädigte Kinder

Wenn es an Ihrem Ort eine Hörgeschädigtenschule gibt, so kann es für Ihr Kind sehr schön sein, dort zur Schule zu gehen, denn höchstwahrscheinlich trifft es dann die anderen hörgeschädigten Kinder wieder, mit denen es schon im Kindergarten war. Die Klassen in den Hörgeschädigtenschulen sind speziell auf ihre Bedürfnisse ausgerichtet.

Die Klassen sind klein, die Lehrer besonders ausgebildet, und es gibt viele nützliche technische Hilfsmittel – etwa elektroakustische Höranlagen und audiovisuelle Medien. In der Regel wird hier großer Wert auf die Mitarbeit der Eltern gelegt. Nicht selten können Kinder nach einer Weile an dieser Schule in die Regelschule wechseln.

> *„Leider machen wir immer wieder die Erfahrung, dass die Lehrer keine Lust haben mitzuziehen zum Wohle des Kindes. Manche sind schlicht ignorant.*
> *Sie nehmen einfach keine Rücksicht und weigern sich einfach, die drahtlosen Übertragungsanlagen zu nutzen, die wir für den generellen Einsatz – auch zu Hause – empfehlen."*
> A.-K. Strototte

Regelschule

Kommt die Grundschule für Ihr Kind infrage oder aber ist in Ihrer Nähe keine Hörgeschädigtenschule, machen Sie sich rechtzeitig mit der Grundschule in Ihrer Nähe vertraut. Vielleicht hat diese Schule noch keine Erfahrung mit hörgeschädigten Kindern, und der Aufklärungsbedarf von Schulleitung und Lehrern ist recht groß.

Am besten wäre es in einem solchen Fall, wenn einer Ihrer Betreuer Ihnen dabei zur Seite stehen könnte.

Es ist wichtig, dass die Klasse, in die Ihr Kind kommt, nicht zu groß ist, denn sonst ist der Lärmpegel zu hoch und für ein hörgeschädigtes Kind unerträglich. Die Klassenräume sollten schallisoliert sein, dadurch wird der Lärmpegel auch reduziert.

„Was uns oft auffällt ist, dass Eltern ihr hörgeschädigtes Kind wie ein rohes Ei behandeln.
Sie neigen dazu, es vor der Umwelt zu schützen und kapseln es ab. Das ist in keinem Fall gut.
Das Kind braucht ganz normale Kontakte, vor allem auch mit anderen Kindern. Seien Sie sicher, dass Kinder sich untereinander auch ohne Worte verstehen. Sie kommunizieren auf vielen Ebenen und erleben sich viel natürlicher."

R. Schönfeld

Je größer der Abstand zwischen Ihrem Kind und einem Sprecher – also dem Lehrer zum Beispiel – ist, um so leiser und undeutlicher kommt das Gesagte bei Ihrem Kind an.
Es sollte möglich sein, dass technische Hilfsgeräte eingesetzt werden – etwa ein FM-System, das sich der Lehrer um den Hals hängen kann: So kann das Gesprochene direkt zum Kind übertragen werden. Das erleichtert Ihrem Kind das Verstehen wesentlich.

Sprechen Sie mit Erzieherinnen oder Lehrern

Wie schon erwähnt, haben Erzieher und Lehrer in den Regelkindergärten und Regelschulen im Normalfall kein bis wenig Wissen über die Problematik der Hörstörungen und die Voraussetzungen, die ein hörgeschädigtes Kind braucht, damit es richtig lernen kann und nicht durch widrige Begleitumstände bis an die Grenzen seiner Belastbarkeit geführt wird. Es liegt also bei Ihnen, die pädagogischen Betreuer mit dem Hörverlust vertraut zu machen.

Lehrer haben auch einen entscheidenden Einfluss auf die Entwicklung des Selbstbewusstseins eines Kindes und seiner sozialen Integration.
Sie sollten dazu ermutigt werden, bei dem hörgeschädigten Kind Eigenschaften zu betonen und zu fördern, die nichts mit seinem Hörschaden zu tun haben und es zu einer geachteten Person in der Klasse machen.

Hilfreich ist es, wenn zumindest der Klassenlehrer außer Ihnen noch einen weiteren Ansprechpartner hat, etwa Ihren Gehörlosenpädagogen, der die Frühförderung gemacht hat. Sie selbst sollten den Fortgang der Dinge ständig kontrollieren (natürlich ohne durch einen Kontrollzwang zu „nerven“).
Es geht nicht darum, die Lehrer zu kritisieren, sondern darauf zu achten, dass Ihr Kind dem Unterricht auch wirklich folgen kann, nicht über die Maßen gestresst ist und sich wohlfühlt.

Da hörgeschädigten Kindern ihre Hörminderung anfangs manchmal peinlich und unangenehm ist, ist es sinnvoll, zu Beginn des ersten Unterrichtsjahres auch eine kleine Veranstaltung für die Mitschüler vorzusehen. So kann das hörgeschädigte Kind sofort von allen in die Schülergemeinschaft integriert werden.

Hörgeräte im Unterricht

Im Unterricht ist häufig zusätzlich zu den Hörgeräten eine gezielte Verstärkung des Gesprochenen erforderlich. Denn nur wenn das hörgeschädigte Kind ganz exakt und ohne Störgeräusche hören kann, hat es auch die Chance, lernen zu können. Dazu werden meist die so genannten FM-Anlagen verwendet. Diese Systeme arbeiten mit den Hörgeräten zusammen und bringen die Stimme des Lehrers besser zur Geltung.

Sie bestehen aus einem vom Lehrer getragenen Mikrofon und einem Empfänger, der direkt mit dem Audio-Schuh des Hörgeräts verbunden ist. So kann das hörbehinderte Kind auch etwas weiter entfernt vom Lehrer sitzen und trotzdem alles verstehen.

FM-Anlagen müssen ebenso wie die Hörgeräte jeden Tag überprüft werden. In der Klasse sollte deshalb die dafür benötigte Ausrüstung vorhanden sein: Stethoclip, Batterieprüfgerät und einige Ersatzteile. Auch hier sollte ein Akustiker oder ein Gehörlosenpädagoge zur Seite stehen.

„Setzen Sie die FM-Technik nicht erst im Kindergarten und der Schule ein. Nutzen Sie ihre Vorteile auch schon bei kleinen Kindern zu Hause. So können Sie und auch die Geschwister wesentlich besser im Alltag miteinander kommunizieren, ohne dass immer ein Blickkontakt bestehen muss. Als Mutter können Sie beispielsweise dann auch Tätigkeiten in einem anderen Raum verrichten und trotzdem mit Ihrem hörgeschädigten Kind sprechen."

P. Zorowka

Tipps, die Sie Erziehern und Lehrern geben können

Die Kommunikation mit hörgeschädigten Kindern erfordert eine größere Aufmerksamkeit. Um ihnen das Verständnis zu erleichtern, sollten die Pädagogen ein paar Regeln beherzigen:

- Das Kind sollte in der Klasse so sitzen, dass es gut hören und in der Regel den Mund des Lehrers oder der Lehrerin sehen kann.

- Das hörgeschädigte Kind sollte immer mit seinem Namen angesprochen werden.

- Es sollte immer erst kurz zusammengefasst werden, worum es geht.

- Die Lehrer sollten wissen, wie schnell es zu Missverständnissen kommt. Redewendungen, Mundart oder gar Zynismus/Sarkasmus gehören nicht in die Kommunikation mit hörgeschädigten Kindern.

- Das hörgeschädigte Kind sollte trotz allem nicht immer im Mittelpunkt stehen, sondern möglichst normal behandelt werden. Die anderen Kinder sollten genauso viel Aufmerksamkeit erhalten.

- Wenn im Unterricht Filme gezeigt werden, sollten es solche mit Untertiteln sein, denn wahrscheinlich kann das hörgeschädigte Kind dem gesprochenen Teil des Films sonst nicht folgen.

- Das Kind sollte so sitzen, dass es nicht geblendet wird.

- Die anderen Schüler sollten über die Wichtigkeit und Funktionsweise der FM-Anlage informiert sein.

- Die Lehrer sollten ein Auge darauf halten, dass das hörgeschädigte Kind nicht überfordert wird, denn es hat ja mehr zu bewältigen als die anderen.

- Sie sollten sich auch stets vergewissern, dass ihre Anweisungen überhaupt verstanden werden. Anweisungen von allen Schülern immer abwechselnd wiederholen lassen.

- Bevor ein neues Thema begonnen wird, muss es in einer verständlichen Überleitung angekündigt werden.

- Manchmal nutzen hörgeschädigte Kinder ihre Behinderung aus, um unerledigte Arbeiten zu begründen. Sie sind halt ganz normale Kinder...

- Der Lehrer sollte Störgeräusche kennen und überwachen: Ventilatoren, Heizungsgrummeln, Lüftungssystem, schnarrende Beleuchtungskörper, Computer, Projektoren, Stühlerücken, Papierknistern, Getuschel, Geraschel, Straßenlärm, Lärm von Klassen in den Räumen nebenan.

Spiele zum Hören, Verstehen und Sprechen lernen

Genauso, wie es eine ganze Reihe von Spielen gibt, die ein Kind in seiner jeweiligen Entwicklung fördern, kann auch ein hörgeschädigtes Kind gezielt mit Spielen zum Hören, Verstehen und Sprechen lernen animiert werden.
Wichtig ist dabei, dass auch Sie selbst diese Spiele mit Ihrem Kind mit Freude machen und nicht einfach pflichtbewusst abarbeiten. Kinder sind wie Schwämme, die alles in sich aufsaugen. Und sie haben ein untrügliches Gespür dafür, wenn man es nicht ernst mit ihnen meint.
Förderspiele dürfen nicht in Leistungsturnen ausarten. Es soll immer Spaß machen. Natürlich muss den Kindern auch für zweckfreies Spielen und zum Toben genügend Raum bleiben. Sie sollen ja auch unbeschwert von ihrer Behinderung spielen.

Viele Spiele oder Fördermaßnahmen ergeben sich schon aus der intensiven normalen Kommunikation mit Ihrem Kind.
Bereits als Baby „spielt" es willig mit – etwa wenn Sie es auf Geräusche und Bewegungen aufmerksam machen. Erzählen Sie ihm, was Sie tun, achten Sie darauf, dass es Ihren Mund sehen kann, zeigen Sie ihm Gegenstände und erklären Sie, was man damit machen kann. Lassen Sie sich von Ihrem Kind zeigen, aus welcher Richtung Geräusche kommen. Singen Sie ihm Lieder vor, tanzen Sie mit ihm zu schöner Musik, erzählen Sie ihm Geschichten und Kinderreime. Je älter es wird, desto mehr fördernde Spiele können Sie mit ihm spielen. Es sollten aber auch Spiele dabei sein, die seine Beweglichkeit fördern oder auf seine Gemütslage eingehen, damit es lernt, auch seine Gefühle auszusprechen.

Der Stimmenzoo

Dieses Spiel spielt man am besten mit mehreren Kindern. Sie sitzen im Kreis und schließen die Augen. Nun dürfen sie abwechselnd eine Tierstimme nachahmen. Die anderen raten, um welches Tier es sich handelt. Variante: Die Kinder sitzen im Kreis. Einer fängt an, flüstert den Namen eines anderen Kindes und ahmt eine Tierstimme nach. Das andere Kind soll das Tier erraten und darf dann einem anderen Kind, dessen Namen es nennt, eine Tierstimme vormachen.

„Nutzen Sie alle Situationen, um für Ihr Kind daraus Hörerlebnisse zu machen: Kochen, Putzen, Waschen, Gärtnern – so können Sie viele Situationen sinnvoll nutzen. Unser Alltag bietet alles."

A. Bohnert

Skelett-Tanz

Jeweils zwei Kinder tanzen zusammen, oder Sie tanzen mit Ihrem Kind (dann wird es allerdings etwas schwieriger). Sie berühren sich nur an allen zehn Fingerspitzen, dabei zappeln und wackeln sie wie ein Skelett oder ein Körper ohne Knochen. Das hört sich einfach an, erfordert aber viel Konzentration und gibt manchen Anlass zum Lachen. Die Kinder können sich auch an anderen Stellen berühren: mit dem Po, der Nase, den Knien, den Bäuchen, dem Rücken.

Ohrenpost

Auch dieses Spiel ist für mehrere Kinder gedacht.
Sie alle sitzen im Kreis – und Sie selbst flüstern einem Kind einen

Satz (oder, wenn die Kinder kleiner sind, ein Wort) ins Ohr – etwa *„Mein Ohr saust"*, *„Mein Höri pfeift"*, *„Mein rechtes Auge wackelt"*, *„Mein Magen hüpft"*. Das Kind sagt dies nun wieder dem nächsten Kind ins Ohr, das wiederum seinem Nachbarn usw. Das letzte Kind sagt den Satz, den es verstanden hat, laut. Dabei kommen – auch bei gut hörenden Kindern – oft Sätze heraus, die mit dem Ursprünglichen gar nichts mehr zu tun haben. Und das gibt dann jedesmal einen Riesenspaß.

Schaukel-Übungen

Ein ganz besonders wichtiges und oft unterschätztes „Bewegungsmittel" ist die gute alte Schaukel. Die Schaukelbewegung ist wichtig für die Kinder, um die Macht der selbst ausgelösten Bewegung zu erspüren. Häufiges Schaukeln schult außerdem den Gleichgewichtssinn und die Konzentrationsfähigkeit. Sie können beim Schaukeln auch die Kreativität des Kindes fördern, die aus den unterschiedlichen Körperlagen entsteht – je nachdem ob es auf der Schaukel sitzt, liegt oder steht. Schafft das Kind es, bei langsamem Schaukeln abzuspringen, ein Seil oder eine Linie zu überspringen? Kann es einen Ball beim Schaukeln fangen?

Das Grimassen-Spiel

Ihr Kind darf Ihnen pantomimisch ein selbst ausgesuchtes Gefühl darstellen: Wut, Trauer, Freude, Angst, Liebe, Zärtlichkeit und so weiter. Dabei werden automatisch verschiedene Muskeln im Gesicht aktiviert. Sie dürfen nun raten, welches Gefühl Ihr Kind dargestellt hat. Sie können auch mit ihm ein Fernsehinterview machen: Wie hört es sich an, wenn es gute Laune hat? Wie, wenn es fröhlich ist? Welches Gesicht macht es, wenn es sauer ist oder schlechte Laune hat? So merkt Ihr Kind, dass wir vor allem unsere Gesichtsmuskeln in Bewegung setzen müssen, um Gefühle auszudrücken. Das tun wir meist unbewusst.

„Bei mir klappt alles prima"

Mehrere Kinder sitzen im Kreis. Eines wird ausgewählt – und das darf sich einen Diener aussuchen. Diesem Diener darf es mehrere Aufträge auf einmal geben – etwa: „*Stell dich hin*", „*Dreh dich dreimal im Kreis*", „*Gib mir die Hand*", „*Setz dich hin*", „*Zwick dich in den Po*".
Das zuhörende Kind muss sehr aufmerksam sein, damit es alle Aufträge erfüllen kann. Schafft es das, darf es sich selbst einen Diener auswählen und diesen ein wenig „quälen".

Sorgenpantoffeln und Brülleimer

Wenn ein Kind Sorgen hat, vielleicht wegen des Hörschadens gestresst ist oder von anderen Kindern geärgert wird, können ihm die Sorgenpantoffeln oder der Brülleimer helfen: In die Pantoffeln werden vor dem Schlafengehen die Sorgen hineingelegt, damit sie nicht mit ins Bett kommen. Während der Nacht machen die Puschen den Kummer unschädlich – und am Morgen ist er weg. In den Brülleimer kann man hingegen seine Wut oder Verzweiflung hineinschreien. Dann sind sie schon heraus aus dem Körper.

Kapitel 5: Das Wichtigste in Kürze

- Jedes Kind möchte seine Sinne entdecken und seine Umwelt erforschen – auch das hörgeschädigte Kind. Leiten Sie es dabei an, sprechen und spielen Sie mit ihm. Die Hörbehinderung Ihres Kindes ist kein Grund, sich nicht ganz normal mit ihm zu beschäftigen.
- Viele Kinder, die mit besonderen Belastungen aufwachsen, sind später als Erwachsene besonders stark, weil sie Eltern hatten, die ihnen eine optimistische Lebenshaltung vermittelt und ihnen Selbstvertrauen gegeben haben.
- Machen Sie Ihrem Kind bei jeder Gelegenheit seine Stärken bewusst. So geben Sie ihm die positive Grundhaltung mit, die es im Leben braucht, um auch schwierige Situationen zu meistern.
- Gehen Sie in Ihrer Familie selbstbewusst und selbstverständlich mit dem Thema „Hörgerät" um. Das hilft Ihrem Kind, sich im Kindergarten und in der Schule in die Gemeinschaft zu integrieren.
- Jedes hörgeschädigte Kind kommt mal an den Punkt, wo es seine Hörgeräte nicht mehr tragen möchte. Reagieren Sie gelassen, und nehmen Sie Ihr Kind ernst. Denn es hat bestimmt seine Gründe für die Ablehnung.
- Lassen Sie sich von Fachleuten beraten, welcher Kindergarten-Typ und welcher Schultyp für Ihr Kind und seine Hörstörung am besten sind.
- In diesem Kapitel finden Sie Spiele, mit denen Sie Ihr Kind spielerisch beim Hören, Verstehen und Sprechen fördern.

6 So erleichtern Sie sich selbst das Leben

In diesem Kapitel erfahren Sie, ...

- wie Sie mit dem „Tabu Hörbehinderung“ offensiv und selbstbewusst umgehen können
- wie Sie und Ihre Familie mit dem Stress fertigwerden können, den die Hörstörung eines Kindes zwangsläufig mit sich bringt

Darüber spricht man nicht? Behinderung als Tabu

Alle Eltern sind tief getroffen und niedergeschlagen, wenn sie erfahren, dass ihr Kind Probleme hat, nicht ganz gesund oder behindert ist.
Welches Elternpaar wünscht sich nicht ein gesundes Kind? Das dürfen Sie sich ruhig eingestehen, ohne dass Sie Ihrem Kind damit weh tun. Denn es hat ja im Endeffekt zunächst einmal gar nichts mit Ihren Wünschen und Träumen zu tun. Und wenn ein Kind dann in der Realität Schwierigkeiten, Unbequemlichkeiten, Unwägbarkeiten, Kummer und Schmerzen mit sich bringt, so darf Ihnen das ruhig Leid tun.
Zum einen steht es Ihnen zu, über nicht erfüllte Träume traurig zu sein und zu weinen, sich selbst zu bemitleiden, weil nun vieles auf Sie zukommt, Sie auf vieles verzichten müssen. Andererseits wissen Sie nun auch, dass Ihr Kind höchstwahrscheinlich nicht unbeschwert wird leben können und ihm vieles schwerer fallen wird als anderen Kindern.

Das ist gerade heutzutage ganz besonders schwierig, wo alle Welt über „die Herstellung“ des perfekten Menschen spricht. Aus den Medien strahlen uns bereits heute mehr oder weniger gleichmäßige Gesichter und Körper an, die sich kaum noch voneinander unterscheiden und sich selten durch Persönlichkeit auszeichnen.
Verschwiegen wird meist, dass dieses Ebenmaß nur durch einen immensen Aufwand zu Stande kommt – Drogen, Medikamentenmissbrauch, Ess-Störungen und Entstellungen inklusive.

Wie werden in dieser „schönen“ Welt Menschen mit Behinderungen und Beeinträchtigungen bewertet, wo es doch schon als Leistungsschwäche gilt, wenn jemand ein paar Pfund mehr auf den Rippen hat, nicht das Gardemaß erreicht, die vermeintlich falsche Nase hat oder ein nicht „angesagtes“ Label trägt?

> *„Als Eltern können Sie die Einschränkung Ihres Kindes beim Hören fast körperlich spüren. Es sitzt beispielsweise bei den Hörtests auf Ihrem Schoß und reagiert nicht. Sie selbst hingegen hören die Signale fast überdeutlich und Ihr Kleines merkt nichts oder kaum etwas. Das tut Ihnen natürlich besonders weh und Sie möchten es davor schützen.“*
>
> A. Bohnert

Die „Stunde Null“, in der Eltern damit konfrontiert werden, dass mit ihrem Kind etwas nicht stimmt, wird fast immer als Schock erlebt. Denn mit einem Schlag scheinen alle Hoffnungen auf eine – auch für die Eltern – unbeschwerte Kindheit zunichte gemacht. Nach der Diagnose befinden sich die Eltern meist in einem Gefühlswirrwarr. Schuldgefühle, Angst, Trauer, Wut, Zorn, Unsicherheit kommen da zusammen. Keiner kann sagen, was genau passieren wird. Denn niemand kann zu diesem Zeitpunkt voraussagen, wie sich Ihr Kind entwickeln wird.

Es gibt kaum eine Situation, die von einem jungen Elternpaar, einer Familie als belastender erlebt wird, als wenn ein Kind krank oder behindert ist. Wie die Eltern damit klar kommen, ist ganz unterschiedlich. Jeder macht das anders mit sich ab. Manche verfallen ins Grübeln, werden depressiv oder von Schuldgefühlen getrieben, andere gehen in hektischer Betriebsamkeit auf und rennen in der Hoffnung auf Heilung von Arzt zu Arzt, manche gehen sehr pragmatisch damit um – und einige werden auch zu Super-Experten für die Krankheit ihrer Kinder.

Bei den meisten Paaren mischen sich auch die Reaktionen, so kann der eine eher praktisch veranlagt sein, der andere hingegen plagt sich mit negativen Gefühlen und ist mutlos.

Wahrscheinlich fällt es Ihnen anfangs schwer zu glauben, dass ausgerechnet Ihr Kind einen Hörschaden hat. Es könnte doch genauso gut – oder ehrlich gesagt auch lieber – das Kind der Nachbarn oder der Familie Soundso sein. Manchmal taucht auch der Anflug des Gedankens auf, die Soundsos hätten es gar eher „verdient“ als man selbst.

Das ist ganz menschlich. Gestehen Sie sich solche Gefühle ruhig ein. Sie stehen Ihnen zu.

Sie dürfen wütend und traurig sein, verzweifelt und verunsichert, ungerecht und missgünstig – jedenfalls für eine Weile. Nur eines sollten Sie nicht sein: Hoffnungslos. Denn das ist gerade in Ihrem speziellen Fall gar nicht angebracht.

Stellen Sie weder sich noch Ihr Kind in Frage – und schon gar nicht die Tatsache, dass Ihnen geholfen werden kann.

Sie werden jetzt zwei unterschiedliche Problembereiche zu bewältigen haben. Der eine betrifft Sie selbst, der andere Ihr Kind. Zum einen werden Sie jetzt vielleicht mit Ihrem Schicksal hadern: „*Warum ich, warum wir, warum mein/unser Kind?*“.
Sie selbst werden lernen müssen zu akzeptieren, dass Ihr Kind so ist, wie es ist. Dass wahrscheinlich vieles mühsamer und leidvoller wird, als Sie es sich vorgestellt haben, dass auch Ihr Kind in einer Gesellschaft leben wird, in der gnadenlos nach dem Attraktivitäts-Prinzip alles Andersartige abgeurteilt wird. Möglicherweise werden Sie sich auch vor den Kommentaren anderer Leute fürchten.

„Die Behinderung Ihres Kindes sollte nicht das Grundproblem Ihrer Familie werden.
Sonst ist über kurz oder lang die Ehe gefährdet.
Ein Muster, das wir häufiger antreffen, ist die Mutter, die sich überengagiert, und der Vater, der auf Grund seiner beruflichen Belastungen keine Kapazitäten mehr frei hat. Daraus ergibt sich ein Ungleichgewicht. Versuchen Sie, sich nicht vom Hörproblem dominieren zu lassen – auch wenn es anfangs schwer fällt.“

R. Schönfeld

Sie sind mit diesen Sorgen nicht allein. Fast alle Eltern machen sich diesen Kummer. Häufig sorgen wir uns auch aus eigenen Ängsten heraus, weil wir uns selbst bestimmte Dinge nicht zutrauen und vielleicht eigene Komplexe noch nicht bewältigt haben. Das Leben ist ja ein Prozess der ständigen Veränderung und das Gefühl der Sicherheit oft eine optische Täuschung.
Viele Eltern sagen, dass sie gerade aus den Krisen am meisten gelernt hätten und gestärkt daraus hervorgegangen seien. Sie müssen also jetzt Vertrauen zu sich selbst und Ihren eigenen Fähigkeiten entwickeln. Vielleicht ist das Ihre persönliche Chance, ein Stück mit sich selbst weiter zu kommen.

Zum anderen werden Sie ganz praktische Dinge angehen müssen, die wir ja in diesem Buch aufgezeigt haben:
„Wie helfe ich meinem Kind bestmöglich?“,
„Wie schaffen wir es, nichts zu versäumen, was wichtig ist?“,
„Welches ist die beste Therapie?“,
„Wo finden wir die besten Therapeuten?“,
„Wer rät mir, was gut und richtig ist?“,
„Wo gibt es finanzielle Hilfen?“,
„Und wie schaffen wir es, unser Kind trotz möglicher Einschränkungen möglichst unbelastet aufwachsen zu lassen?“.

„Mein Appell an Eltern: Lasst den Kindern ihre Schwerhörigkeit, diskutiert sie nicht weg, versteckt sie nicht. Sie gehört zu ihnen wie ihr genetischer Fingerabdruck.“

A. Hildmann

Sie sollten sich von Anfang an klar machen, dass Sie den Hörproblemen nicht hilflos ausgeliefert sind.
Ihrem Kind kann ja geholfen werden, wenn erst einmal feststeht, um was für eine Art Hörprobleme es sich handelt. Aktuelle amerikanische Untersuchungen belegen, dass optimal versorgte Kinder in der Schule genauso gute Leistungen in allen Fächern erbringen wie normal hörende.

Manche Eltern wollen die Behinderung ihres Kindes trotzdem nicht wahrhaben und verweigern ihm ein Hörgerät. Wenn Sie die vorhergehenden Kapitel gelesen haben, werden Sie wissen, wie fatal das ist. Hörgeräte sind heute meist ganz klein, manche kaum noch sichtbar, andere bunt und kindgerecht aufbereitet.
Wenn wir dem Kind helfen, seine Hilfe selbstbewusst anzunehmen, wird es sein Hörgerät nicht mehr missen wollen, denn es ist sein „Tor zur Welt“.

„Die Grenzen meiner Sprache bedeuten die Grenzen meiner Welt.“

Ludwig Wittgenstein

Wir brauchen uns nur vor Augen zu halten, wie sich das Tragen einer Brille in den vergangenen Jahren gewandelt hat: Heute schämt sich keiner dafür, Kinder tragen ihre bunten Gestelle fast wie modische Haarspangen. Mehr noch: Bei Erwachsenen gilt die Brille heute als modisches Accessoire.
Für Hörgeräte ist das nicht denkbar, meinen Sie? Warten wir es ab, das hat nämlich bei der Brille auch lange Zeit niemand geglaubt. Und wir alle können etwas dazu beitragen, dass Kinder ihr Hörgerät selbstbewusst tragen.

Scheuen Sie sich nicht, mit anderen über die Probleme Ihres Kindes zu sprechen. Auch wenn Sie denken, dies sei ein Tabu. Tabus sind ja dazu da, gebrochen zu werden.
Ihre Gefühle sollten Sie nicht herunter schlucken, sonst werden Sie am Ende krank, damit ist niemandem gedient. Sie werden sehen, wie erleichternd solche Gespräche sind.
Suchen Sie sich andere betroffene Eltern, hier finden Sie Verständnis und manch guten Rat.
Suchen Sie auch das Gespräch mit Fachleuten. Denn sie helfen Ihnen bei der Entscheidungsfindung und sorgen dafür, dass auch Sie als Eltern sich gut aufgehoben fühlen. Vergraben Sie sich aber nicht nur in der Gemeinschaft der Betroffenen, sondern versuchen Sie so normal wie möglich zu leben – mit Ihrer Familie, mit Ihren Freunden und Bekannten.

Sie haben ein besonderes Kind. Versuchen Sie sich über die Einzigartigkeit Ihres Kindes zu freuen – auch wenn es Ihnen am Anfang womöglich schwerfällt, etwas anderes als das Problem zu sehen. Zu jeder Behinderung gehört auch eine besondere Begabung. Versuchen Sie die anderen Schätze Ihres Kindes zu entdecken und sich gemeinsam mit ihm darüber zu freuen.

Denn so viel ist gewiss: Kinder arbeiten von Geburt an an der Gestaltung ihres Lebens mit. Sie wollen ja leben und Stück für Stück alles für sie Neue entdecken.

Ihre Beeinträchtigung ist ihnen noch gar nicht bewusst. Wir können ihnen nicht immer alles Schwere ersparen, aber wir können ihnen immer Liebe und Halt geben, damit sie sich unter allen Umständen am besten entwikkeln können.

„Legen Sie ein Tagebuch an, in dem Sie Fotos und kleine Geschichten von Ihrem Kind festhalten. Dabei sollten auch die Besuche beim Therapeuten, Fortschritte und kleine lustige Begebenheiten Raum erhalten. Sie können auch die Hörerlebnisse Ihres Kindes notieren, das ermöglicht ihm die Identifikation mit sich selbst. "

A. Bohnert

Daneben sollten Sie aber auch sich selbst und die anderen Familienmitglieder nicht aus den Augen verlieren. Jeder braucht sein Quäntchen Ruhe und Zuwendung. Auch Sie selbst und Ihre Partnerschaft.

Doch glücklicherweise zieht meist nach einer Weile wieder Ruhe ins Familienleben ein. Man gewinnt eine gewisse Routine im Umgang mit den Gegebenheiten und kann sich wieder dem „ganz normalen Wahnsinn" des Alltags zuwenden.

Überforderung und Stress: Nachsicht für alle

Wenn einer in der Familie unter Stress steht, spürt gewöhnlich die ganze Familie etwas davon. In einer Krise steigert sich die Spannung innerhalb der Familie. Wenn die Eltern stark unter Druck stehen, überträgt sich das auch auf die Kinder. Denn sie „wittern" geradezu, in welchem Gemütszustand sich ihre Eltern befinden. Dann reagieren auch sie mit Stress-Symptomen, und die Situation kann sich unangenehm hochschaukeln.
In Krisenzeiten müssen alle ein höheres Maß an Geduld und Verständnis füreinander aufbringen. Von den ganz Kleinen kann man das noch nicht verlangen.
Und deswegen ist es um so wichtiger, dass auch Sie als Eltern Nachsicht für Ihre eigene Ungeduld aufbringen.
Das gilt insbesondere dann, wenn Sie beide berufstätig und von allen Anforderungen ziemlich erschöpft sind.

Voraussetzung aller fürsorglichen und liebevollen Bemühungen als Eltern ist die Pflege Ihres eigenen Wohlbefindens und Ihrer eigenen seelischen Verfassung. Sie selbst müssen sich hegen und pflegen. Auch wenn Sie das Gefühl haben, die Kinder – insbesondere Ihr hörgeschädigtes Kind – müssten doch an erster Stelle stehen.
Für die eigene Gesundheit und Gefühlsharmonie zu sorgen, versetzt Sie erst in die Lage, Ihren Kindern das zu geben, was sie brauchen. Sind Sie selbst in guter Verfassung, fühlen sich Ihre Kinder geborgen und gut aufgehoben. Sie können Vertrauen und Selbstsicherheit entwickeln.

Gestatten Sie sich regelmäßiges Nichtstun.
Planen Sie dies einfach von Anfang an mit ein. Schaffen Sie sich Freiräume – mal ein paar ruhige Stunden, einen ruhigen Tag oder vielleicht sogar ein Wochenende zu zweit zum Ausruhen und zur totalen Entspannung.

Sorgen Sie dafür, dass Ihr Kind oder Ihre Kinder gelegentlich von anderen versorgt und beschäftigt werden können. Keine Bange, auch Ihrem hörbehinderten Kind werden in dieser Zeit nicht „die Ohren abfallen“, es wird auch keine jähe Verschlechterung eintreten.
Sie sollten es zwar fördern, aber Sie müssen es nicht in Watte packen. Ein normaler Alltag mit anderen Bezugspersonen außer Mama und Papa ist ihnen meistens durchaus zuzumuten.

Kinder sind damit fast immer einverstanden, wenn sie wissen, dass es für sie persönlich auch „besondere Zeiten“ gibt. Das ist die Zeit, die Vater oder Mutter dem einzelnen Kind exklusiv widmen – einfach zum Erzählen, zum Schmusen, Spazierengehen, Basteln oder Toben.

Ob Sie im Einzelfall dafür zehn Minuten oder eine Stunde täglich oder wöchentlich ansetzen, spielt dabei nicht so eine große Rolle, wenn Ihr Kind weiß, dass es sich hier um eine geschützte Zeit handelt, die durch nichts gestört werden darf – kein Telefon, keine Türklingel, keine anderen Erwachsenen und auch nicht die Geschwister.

> *„Wenn die Kinder gut aufgeklärt sind, müssen die Eltern übrigens nicht immer dabei sein, wenn die Kinder versorgt werden oder in die Frühförderung gehen. Es gibt Kinder – kleine selbstbewusste Fachleute – die das hervorragend managen und stolz sind wie Oskar!"*
>
> A.-K. Strototte

Dabei können Sie dann auch auf Themen eingehen, die Ihr Kind auf dem Herzen hat, für die aber in der Hektik des Alltags kein Platz war.
Das ist auch ganz besonders wichtig für die Geschwister eines hörbehinderten Kindes, dem schon zwangsläufig mehr Aufmerksamkeit zuteil wird.
Die „besondere Zeit" vermindert das Konkurrenzverhalten unter den Geschwistern, wenn beide Eltern jedem Kind gleich viel Zeit und Zuwendung schenken. Planen Sie diese Zeiten mit ein und besprechen Sie sie mit Ihren Kindern, dann wissen die immer, wann „ihre" Zeit da ist.

Setzen Sie sich realistische Ziele

Für gestresste Eltern gibt es viele „Patentrezepte“, wie sie am sinnvollsten ihre Zeit einteilen und was sie alles in ihre Freizeit packen sollen. Solche Rezepte erhöhen oft noch mehr den Stress. Die Anforderungen des Alltags mit Familie und Beruf, zusätzlich die Erfordernisse von Förderung und Behandlung Ihres hörgeschädigten Kindes – Sie wissen schon selbst, was alles auf dem Plan steht und getan werden muss.

>> Etwa 5 Wochen nach der CI-Operation kam die Erstanpassung des Sprachprozessors. Katrin zeigte dabei tatsächlich Reaktionen. Wir waren glücklich. Aber in den nächsten zwei Wochen passierte so gut wie nichts. Katrin verhielt sich genauso wie vorher. Doch dann kamen nach und nach die ersten Hörreaktionen. Unsere Tochter zeigte mehr und mehr Interesse an Geräuschen. Sie reagierte auf Rasseln, auf Klatschen und sogar auf das Schlagen der Wanduhr. Und dann fing sie an, selbst Laute von sich zu geben. Diese positive Entwicklung geht langsam aber stetig voran. <<

Deshalb hier einige Anregungen, an welchen Stellen Sie sich wirklich etwas Entlastung verschaffen und Freiraum ergattern können:

- Versuchen Sie nicht, perfekt zu sein.

Drosseln Sie die Anforderungen, die Sie an sich selbst und auch an ihr hörbehindertes Kind stellen. Sie dürfen sich auch in dieser Situation Schwächen eingestehen. Sie müssen nicht immer alles schaffen, was Sie sich vorgenommen haben oder was vielleicht andere schaffen.
Wenn Sie versuchen perfekt zu sein, verlieren Sie womöglich andere wichtige Dinge aus dem Auge.

• Versuchen Sie nicht, Ihrem Kind alles abzunehmen – auch wenn es Ihnen logischerweise schwer fällt, es leiden zu sehen. Sie können ihm ohnehin nicht die Erfahrung mit Enttäuschung, Schmerz, Traurigkeit und Ablehnung ersparen. Helfen Sie ihm aber, diese Erfahrungen bestmöglich zu verarbeiten, indem Sie ihm zur Seite stehen, zuhören und mit ihm darüber reden, es trösten und ihm Sicherheit geben.

• Halten Sie sich nicht damit auf, zu beklagen, was Sie alles noch nicht geschafft haben. Halten Sie lieber Rückschau auf das, was Sie geleistet haben.
Loben Sie sich und Ihr Kind für jeden noch so kleinen Fortschritt, sagen Sie lieber: „*Das haben wir heute richtig gut gemacht*" statt: „*Das müssen wir morgen aber besser machen.*"

• Planen Sie keine Riesenzeiträume. Orientieren Sie sich nicht daran, was in fünf Jahren los sein könnte, sondern in der nächsten Woche. Sie werden sonst schnell frustriert sein, wenn mal etwas nicht nach Ihren Plänen verläuft. Versuchen Sie, manche Dinge einfach auf sich zukommen zu lassen, anstatt sie erzwingen zu wollen. Das nimmt Ihnen einen großen Druck weg.

● Organisieren Sie Ihren Alltag gut und effektiv, das ist sinnvoll. Aber lassen Sie auch Zeitlücken zu. Wir müssen nicht jede Minute „nutzen", „in den Griff bekommen", damit wir „keine Zeit verschwenden".
Armbanduhren sind keine Handschellen. Zeit muss nicht immer randvoll gefüllt sein, sondern sie sollte auch erfüllt sein. Halten Sie sich deshalb an den alten Spruch der Fischer: *„Es gibt eine Zeit zum Fischen und eine Zeit, die Netze zu trocknen."*
Lassen Sie in Zeitlücken einfach „die Netze trocknen".
Selbst im hektischen Alltag finden Sie viele solche Zeitlöcher, in die Sie schlüpfen und Ihr Kind mitnehmen können. Etwa, wenn es beim Arzt oder in der Klinik mal wieder etwas länger dauert: Lassen Sie gemeinsam die Gedanken schweifen, schauen Sie draußen dem Spiel der Wolken zu, beobachten Sie Tiere oder Pflanzen, das Tanzen von Blättern im Wind, summen Sie eine Melodie zusammen oder – wenn Sie gläubig sind – mögen Sie vielleicht auch gemeinsam beten oder meditieren.
Dieser „Pausenwohlstand" kann Ihr Leben bereichern, denn er nimmt Ihnen das Gefühl des Gehetztseins.

● Sorgen Sie für sich und Ihr(e) Kind(er) auch für körperlichen Ausgleich. Gehen Sie schwimmen, wandern, fahren Sie Rad oder spielen Sie draußen miteinander.
Genießen Sie die Natur miteinander, denn sie bietet uns alles, was wir für Gesundheit und Wohlfühlen brauchen: Anregung, Veränderung, neue Entdeckungen, Demut, Andacht, Gewusel, Muße, Stille, Spiel und Spaß – viel Bewegung und frische Luft inbegriffen.
Das ist das Lebenselixier schlechthin – nicht nur für Ihr Kind, auch für Sie.

Kapitel 6: Das Wichtigste in Kürze

- In unserer „schönen“ Welt gilt heute der „perfekte“ Mensch als Vorbild: Schön, gesund, leistungsfähig, erfolgreich. Abweichungen von dieser Norm sind nicht „angesagt“.
- Gehen Sie in Ihrer Familie und auch außerhalb ganz offen mit der Hörbehinderung Ihres Kindes um. Machen Sie kein Tabu daraus. Im Grunde ist ja ein Hörgerät für Hörbehinderte nichts anderes als eine Brille für die Sehbehinderten. Mit dieser Einstellung hat Ihr hörgeschädigtes Kind es leichter in unserer „schönen“ Welt.
- Die Hörschädigung eines Kindes stellt für jede Familie eine Belastung dar, die unweigerlich Stress mit sich bringt. Stress für die Eltern, der sich schnell auf die Kinder überträgt. Versuchen Sie, gelassen zu bleiben und Geduld aufzubringen. Aber machen Sie sich keine Vorwürfe, wenn Sie mal „aus der Haut“ fahren. Sie haben das Recht dazu, Sie sind auch nur ein Mensch.
- Gönnen Sie sich Erholungspausen, in denen Sie auftanken können. Das bringt mehr, als wenn Sie rund um die Uhr versuchen, perfekt zu funktionieren. Nur Eltern, die selbst Kraft haben, können ihren Kindern Kraft geben.

Glossar

Akustiker
Spezialist für Hörgeräte und für die Betreuung Schwerhöriger

akustisch
durch das Gehör wahrnehmbar; das Gehör, den Schall betreffend

Anamnese
Medizinisch und/oder psychologisch erhobene Krankheitsgeschichte

Audio-Eingang
Kontakt am Hörgerät, an dem über Stecker oder eine Art Schuh ein Verbindungskabel bzw. aufsteckbarer Funkempfänger angeschlossen werden kann, zum störfreien Empfang von Radio, Fernseher, etc. oder auch für Konferenzen, Kongress- und Schulanlagen

Audiogramm
Graphische Darstellung des Ergebnisses einer Audiometrie

Audiologie
Wissenschaft vom Hören und der Hörwahrnehmung, Teilgebiet der Akustik

Audiometer
Elektroakustisches Messgerät zur Bestimmung der Hörschwelle; besteht aus Generator, Regelwerk und (Kopf- bzw. Knochenleitungs-) Hörer

Audiometrie
Gehör-Messung

BERA
Brain stem Evoked Response Audiometry:
die Messung der elektrischen Aktivität des Hirnstammes nach akustischer Reizung (= Hirnstammaudiometrie)

BiCROS
Bilateral Routing of Signals (engl.); (s. auch CROS);
wenn beiderseitiger Hörverlust vorliegt, aber nur eine Seite mit Hörgerät versorgt werden kann; das schlecht hörende, aber bessere Ohr bekommt ein eigenes Hörgerät und nimmt gleichzeitig den verstärkten Schall vom tauben Ohr auf

binaural
Für beide Ohren, beide Ohren betreffend

Binaurale Hörgeräte-Anpassung
Die Versorgung beider Ohren mit je einem Hörgerät. Das ist der Regelfall, weil das Gehirn nur über die beidseitige Schallwahrnehmung in der Lage ist, Nutzschall von Lärm zu unterscheiden, sich im Stimmengewirr mehrerer Menschen auf einen Gesprächspartner zu konzentrieren oder die Schallrichtung z. B. im Straßenverkehr zu bestimmen

Cerumen
Ohrenschmalz

Cochlea
Schnecke, Teil des Innenohres, in dem das Hörorgan liegt, hat Form eines Schneckenhauses mit 2½ Windungen

Cochlea-Implantat
Technische Hörhilfe; Innenohrprothese, die gehörlosen und tauben Menschen eingesetzt wird

Cortisches Organ
Hörorgan in der Schnecke, umfasst äußere und innere Haarzellen mit Stützzellen, Basilar- und Deckmembran (benannt nach Alfonso Corti, 1822-1876, italienischer Anatom)

CROS
Contralateral Routing Of Signals (engl.); Herüberleiten eines Schallsignals auf die gegenüberliegende Kopfseite; klassische Hörgeräte-Versorgung bei einseitiger Taubheit, dabei wird ein Mikrofon am tauben Ohr getragen, und die dort empfangenen Signale werden dem normal hörenden Ohr zugeführt

ERA
Elektrische Reaktions-Audiometrie (engl. Evoked Response Audiometry):
die Messung elektrischer Potentiale im Hörnerv, im Hirnstamm und in der Hirnrinde mit Hilfe eines Computers; gibt Auskunft über die Funktionsfähigkeit der verschiedenen Abschnitte der Hörbahn

Gebärdensprache
Gebärdensprachliche Systeme – z. B. American Sign Language (=ASL); Deutsche Gebärdensprache (= DGS) – die über eine eigenständige Lexik und Grammatik verfügen und bis auf die Schriftsprache alle Sprachfunktionen erfüllen. Die Gebärdenprache wird als Grundlage für eine eigene Sprachgemeinschaft Gehörloser und zugleich als Kern der Gehörlosenkultur gesehen

Hörschwelle
Die Lautstärke, ab der ein Testsignal gehört wird

Hörbereich
Der Frequenzbereich, der vom menschlichen Ohr wahrgenommen wird. Er liegt zwischen 16 Hz und 20.000 Hz (altersabhängig)

Knochenleitung
Übertragung des Schalls über den Schädelknochen zum Innenohr

kochleär
Dem Hörorgan (Kochlea oder Cochlea) zugeordnet

Kompression
Automatischer Verstärkungs-Mechanismus, der bei Erreichen eines bestimmten Pegels die Verstärkung reduziert.
Das Kompressions-Verhältnis wird durch das Hörgerät vorgegeben

Labyrinth
Innenohr; enthält Hörorgan und Gleichgewichtsorgan; es ist zwischen häutigem Labyrinth (System von Blasen und Kanälen) und dem es umgebenden knöchernen Labyrinth (= Knochenkapsel) zu unterscheiden

Lautsprache
Die aus Lauten als Sprachelementen bestehende oder die in Laute gegliederte Sprache

Logopäde
Beruf, zum Tätigkeitsfeld gehören die Diagnostik und Therapie von Hör-, Stimm-, Sprech- und Sprachgestörten

Luftleitung
Natürlicher Weg des Schalls (Umwelt > Gehörgang > Trommelfell und Mittelohr > Innenohr)

Otoplastik
Ohrpass-Stück, das der Hörgeräte-Akustiker nach entsprechendem Ohrabdruck als Plastik von Gehörgang, Concha und einer Spange bis hinauf zur Fossa triangularis anfertigt. Sie dient als Verankerung und dichtende Halterung des Hörgerätes am Ohr. Durch den Gehörgangteil wird der Schall vom Hörgerät zum Trommelfell geleitet. Die dichtende Eigenschaft ist wichtig, um das akustische Rückkopplungspfeifen zu vermeiden

Pädaudiologie
Wissenschaft vom Hören des Kindes und der Hörwahrnehmung von Kindern (fälschlicherweise oft als Kinderaudiometrie bezeichnet)

Pädiater
Kinderarzt

Pädiatrie
Kinderheilkunde

Recruitment
Lärmempfindlichkeit trotz Schwerhörigkeit

Schwerhörigkeit
Grundsätzlich unterscheidet man zwei Arten:

1) Schall-Leitungs-Schwerhörigkeit in Folge einer gestörten Schall-Leitung vom Gehörgang zum ovalen Fenster. Betrifft ca. 5-10% der Hörstörungen. Lässt sich operativ behandeln

2) Schallempfindungs- oder Innenohr-Schwerhörigkeit, bei der die Haarzellen im Innenohr beschädigt sind oder fehlen, und somit die Umwandlung der akustischen Reize in neuronale Erregungsmuster nicht erfolgen kann

Tinnitus
Ohrgeräusche; von den Betroffenen wahrgenommenes Rauschen, Klingeln oder Pfeifen in den Ohren

Unbehaglichkeits-Schwelle
Auch Unbehaglichkeits-Grenze genannt, bezeichnet denjenigen Schalldruckpegel, bei dem der Schall unangenehm laut wird; liegt bei Normalhörenden bei etwa 110 dBSPL.

Nützliche Adressen

- **Bundesgemeinschaft der Eltern und Freunde hörgeschädigter Kinder e. V.**

  Pirolkamp 18
  D-22397 Hamburg
  Tel. 040 / 607 03 44, Fax 040 / 607 23 61
  e-mail: Spektrum-Hoeren@t-online.de
  www.Bundesgemeinschaft.de

  Fordern Sie hier das „Verzeichnis der Anlaufstellen in Deutschland für Eltern hörgeschädigter Kinder“ an.
  Darin finden Sie Adressen von Fachkliniken, Beratungs- und Frühförderstellen, Kindergärten und Schulen mit besonderen Förderungsmöglichkeiten.

- **Siemens Audiologische Technik GmbH**

  Gebbertstr. 125
  D-91058 Erlangen
  Tel. 09131 / 308-0
  www.hoergeraete-siemens.de

  Hier erhalten Sie eine umfassende Beratung zum Thema: „Hörsysteme“.

  Weitere Informationen finden sie auch unter
  www.hoeren-macht-freunde.de

Wissenschaftlicher Beirat

Andrea Bohnert
Pädakustikerin
Institut für Kommunikationsstörungen
Universität Mainz

Dr. Agnes Hildmann
Ärztin für Phoniatrie und Pädaudiologie
Ärztin für HNO-Heilkunde
Bochum

Prof. Dr. Dipl.-Psych. Christiane Kiese-Himmel
Zentrum Augenheilkunde und HNO-Heilkunde
Abteilung Phoniatrie und Pädaudiologie
Funktionsbereich Psychologie
Universität Göttingen

Siegrid Meier
Hörgeräteaustikmeister
Akademie für Hörgeräteakustik
Lübeck

Dr. Rüdiger Schönfeld
Chefarzt für Phoniatrie und Pädaudiologie
Ev. Krankenhaus
Oldenburg

Anne-Katrin Strototte
Hörgeräteakustikermeister
Pädakustikerin
Bochum

Professor Patrick Zorowka
Ordentlicher Universitäts-Professor
Abteilung für Hör-, Stimm- und Sprachstörungen
Universitätsklinik Innsbruck